Wolf-Dieter Zimmermann

Wir nannten ihn Bruder Bonhoeffer

Einblicke in ein hoffnungsvolles Leben

Wichern-Verlag

Die Deutsche Bibliothek – CIP-Einheitsaufnahme

Zimmermann, Wolf-Dieter:
Wir nannten ihn Bruder Bonhoeffer: Einblicke in ein hoffnungsvolles Leben / Wolf-Dieter Zimmermann. – 2., verb. Aufl. – Berlin: Wichern-Verl., 1995
ISBN 3-88981-087-X

2., verbesserte und ergänzte Auflage 1995
Umschlagfoto: © Chr. Kaiser/Gütersloher Verlagshaus, Gütersloh
Satz: Wichern-Verlag, Berlin
Druck: Color-Druck Dorfi GmbH, Berlin
Buchbinderei: Lüderitz & Bauer-GmbH, Berlin
ISBN 3-88981-087-X

Wolf-Dieter Zimmermann
Wir nannten ihn Bruder Bonhoeffer

Inhalt

Vorwort

Als „ehemalige Finkenwalder" begegneten wir uns 1946 wieder in Berlin – Eberhard Bethge und ich. Wir hatten beide großes Interesse daran, die Erinnerung an Dietrich Bonhoeffer lebendig zu erhalten. Doch bald stellte sich heraus, daß wir dafür verschiedene Wege beschreiten wollten. Bethge plante eine umfassende Biographie.

Mich interessierte von Anfang an eher die „Wirkung" von Bonhoeffer auf andere. Ich hatte an mir selbst erfahren, wie stark eine Begegnung mit ihm sich auswirken kann. Bonhoeffer – das war also nicht nur der detaillierte Ablauf seines Lebens, sondern auch die Spur, die er in seinem Umfeld hinterlassen hatte. Da Bonhoeffer sehr dialogisch gelebt hatte, gehörte das, was in diesem Kontext geschehen war, wesentlich zur Erkenntnis seiner Person. Darum versuchte ich zu Beginn der fünfziger Jahre, Erinnerungen von Zeitzeugen über Bonhoeffer zu sammeln und so eine Art Lebensbild zu erstellen. Diese Veröffentlichung zog sich bis in den Anfang der sechziger Jahre hin, weil mich Bethge gebeten hatte, meine gesammelten Texte nicht vor seiner Biographie herauszugeben. Die „Begegnungen mit Dietrich Bonhoeffer" haben vier Auflagen erreicht, sind jedoch seit gut zwanzig Jahren vergriffen. Die hier vorgelegten Erinnerungen sind aus längeren, unveröffentlichten Zusammenfassungen herausgenommen und werden durch Berichte ergänzt, die ich erhalten habe. Wenn vielleicht etwas viel „Theologisches" in diesen Texten vorkommt, so gehört das – meiner Meinung nach – zur Person Bonhoeffers unbedingt dazu.

In meinem eigenen Leben habe ich versucht, einige von Bonhoeffers Stationen nachzuerleben, um herauszufinden, was ihn gefesselt haben könnte. So in England und in USA, in Spanien (um den Stierkampf kennenzulernen) und in Ettal. Außerdem habe ich versucht, mich nach seinen praktischen Hinweisen zu richten, um auszuprobieren, welche Erfahrungen man dabei machen kann. Auch der These, daß sich die Bibel selbst auslegt, bin ich nachgegangen und habe das Markusevangelium ohne Hilfe von Kommentaren nur unter Benutzung des Lexikons für den griechischen Urtext zu verstehen gesucht. Das war ein merkwürdiges Erlebnis, als ich – bewußt auf alle Hilfsmittel verzichtend – herauszufinden versuchte, was der Originaltext mir – dem Hörenden – zu offenbaren hatte. Jedenfalls habe ich dabei festgestellt, daß Bonhoeffer recht hatte mit seiner These, der Bibeltext interpretiere sich selbst, vielleicht nicht wissenschaftlich korrekt, aber direkt eine Aussage vermittelnd. Das Buch „Markus über Jesus" ist 1970 gedruckt worden.

Der Wichern-Verlag wollte bewußt auf meine subjektiven Erinnerungen zurückgreifen. Bonhoeffer ist für mich kein „Produzent von Theologie", sondern ein Mensch, der mit Hilfe von Theologie seine Lebensaufgaben zu bewältigen versuchte. Darum habe ich aus meinen Nachschriften, die alle erhalten geblieben sind, einige Partien herangezogen, um so deutlich zu machen, wie er mit „Theologie" umgegangen ist. Seine „Gedruckte Theologie" ist und bleibt mehrdeutig. Erst aus der Kombination mit seinen Lebensentscheidungen kann erkennbar werden, in welche Richtung er gedacht hat. Bonhoeffer ist vor allem ein lebendiger Mensch gewesen, der jederzeit die ihm auferlegte Verantwortung gewissenhaft wahrnehmen wollte.

Herkunft und Ausbildung

1912 wurde Karl Bonhoeffer – Professor für Neurologie und Psychiatrie in Breslau – zum Leiter einer der Charité-Kliniken nach Berlin berufen. Er war damals 44 Jahre alt, ein geborener Schwabe. Mit acht Kindern bezog die Familie eine Wohnung in der Innenstadt, nahe der Universität. 1916 – mitten in der Kriegszeit – verlegte er den Wohnsitz in den exklusiven Vorort Grunewald. Es war ein großer Haushalt mit Erzieherin, Kindermädchen, Haus- und Stubenmädchen sowie Köchin; dazu kamen noch die Sprechstundenhilfe für den Vater und der Chauffeur. Die Mutter war durch diese Angestellten erheblich entlastet und konnte viel Zeit den Kindern widmen. Sie war ausgebildete Lehrerin und unterrichtete die Kindern in den ersten Schuljahren selbst; auch erteilte sie allen Kindern Religionsunterricht. Der Vater war trotz seiner starken Beanspruchung als Klinikleiter und Privatarzt stets bei den Familienmahlzeiten anwesend. Seiner Natur nach war er etwas distanziert und zurückhaltend. Vor allem durch das Beispiel seines Lebens wurde er den Kindern zum Vorbild. Er selbst war ein Muster an Selbstbeherrschung, konzentrierter Zuwendung und scharfer Beobachtungsgabe; jedes Geschwätz und jede Phrase lehnte er ab. So lehrte er die Kinder, Wesentliches von Unwesentlichem zu unterscheiden. Die Mutter, eine warmherzige Frau mit guter Organisationsgabe, stammte aus einer Theologenfamilie und imponierte durch ihr natürliches Wesen und ihre unbefangene Art.

In Grunewald lebten Professoren, höhere Beamte, Ärzte, Rechtsanwälte, Bankiers, darunter viele Juden. Besucher von außerhalb spotteten gern über dieses Luxusdorf und das Professoren-Ghetto. Hier lebte man privilegiert. Hier blieb der Kontakt nach außen auf die engere Nachbarschaft begrenzt. Das hatte zur Folge, daß auch viele der Ehepartner aus dieser Nachbarschaft stammten.

Der Hungerwinter 1917/1918 war für alle eine schwierige Zeit. Doch in der Bonhoefferschen Kinderschar zeigte sich dadurch auch mancherlei neue Begabung, mit den Gegebenheiten fertig zu werden. Dietrich – 1906 geboren, zehn Minuten vor seiner Zwillingsschwester Sabine, worauf er sehr stolz war – erkundete intensiv die Nachbarschaft und konnte genau Auskunft geben, wo Ersatzzuteilungen zu holen waren. Über die Lebensmittelpreise wußte er bestens Bescheid.

Gegen Ende des Krieges spielten die Geschwister zusammen mit Nachbarkindern gern Soldaten. Dietrich war dann der Hauptmann, exerzierte mit allen und verlangte mancherlei Mutproben. Dietrich war auch sehr gut im Laufen und im Ballspiel.

Bis zu seinem zehnten Lebensjahr schlief er zusammen mit seiner Zwillingsschwester im gleichen Zimmer. Abends führten beide oft ernsthafte Gespräche über den Tod und das ewige Leben. Im Krieg waren Väter von Klassenkameraden gefallen, dadurch hatte der Tod für sie große Bedeutung bekommen. Ihre älteren Brüder Karl-Friedrich, Walter und Klaus hatten sich freiwillig zum Wehrdienst gemeldet – zur Infanterie –, weil dort am dringendsten Soldaten gebraucht wurden. Alle waren Offiziere geworden. Walter wurde im April 1918 beim Vormarsch von einer Granate getroffen und starb bald darauf, ein Schicksal, das alle Familienmitglieder – vor allem jedoch die Mutter – lange Zeit schwer belastete.

Das häusliche Familienleben umfaßte immer die ganze Kinderschar. An den Sonnabenden fanden Musikabende statt. Da konnten die Kinder zeigen, was sie inzwischen gelernt hatten. Dietrich spielte Klavier, auswendig und vom Blatt. Er versuchte auch zu komponieren. Mit seinem Bruder Klaus ging er oft ins Museum oder in Konzerte. Mit dem ältesten Bruder Karl-Friedrich – dem Naturwissenschaftler – führte er schon früh Fachgespräche und protestierte dabei gelegentlich heftig gegen dessen Skeptizismus. Im Sommer 1919 trat er – zusammen mit einigen Mitschülern – bei den Pfadfindern ein, was ihm zuerst auch Spaß machte: im Sommer, am Sonntagvormittag, Übungen und Kriegsspiele, im Winter viel Musik. Doch diese Periode war im Jahr darauf bereits wieder beendet. Das Kriegspielen fand in der Familie wenig Anklang, und die beginnende politische Radikalisierung wirkte auf alle wie ein Warnsignal.

Die Schule bereitete Dietrich keine besondere Mühe. Um den Platz des Klassenbesten brauchte er nicht zu kämpfen. Doch seine Überlegenheit hat er nie mißbraucht. Als einmal in der Klasse gefragt wurde, was die Schüler studieren wollten, antwortete er sofort: Theologie. Diesen Entschluß hatte er früher schon dem Vater seines etwas jüngeren Vetters Hans-Christoph von Hase mitgeteilt. Der hielt das jedoch für eine Flucht aus der Wirklichkeit in die Idylle eines schwäbischen Landpfarrhauses. Auch wußte er, daß die

Eltern gelegentlich damit gerechnet hatten, ihr Sohn könne Musiker werden. Vielleicht hat bei dieser Entscheidung eine Rolle gespielt, daß sich Dietrich – der zu den drei Jüngeren gehörte – gegenüber den großen Brüdern nur dann behaupten konnte, wenn er auf einem eigenen Gebiet Leistungen hervorbrachte, denn seine älteren Brüder hätte er in deren Fächern nie überflügeln können.

Ostern 1923 machte er das Abitur; in seiner Examensarbeit hatte er über die römischen Dichter Catull und Horaz als Lyriker geschrieben. Darin formulierte er den Satz: „Reflexionen haben noch nie die Welt erobert, aber Gefühle; selbst die größten Gedanken müssen vergehen, große Gefühle bleiben ewig." Danach machte er – wie fast in jedem Sommer – zusammen mit seiner Zwillingsschwester eine längere Fußwanderung durch den Thüringer Wald. Wie sich Dietrich selbst sah, hat er später während der Gefängniszeit in einem Dramenfragment beschrieben. In der Figur des Christoph sagt er von sich: „Ich stamme aus einem sogenannten guten Haus, das heißt aus einer alten, angesehenen Bürgerfamilie ... Wir sind großgeworden in der Ehrfurcht vor dem Gewordenen und dem Gegebenen und damit in der Achtung vor jedem Menschen. Mißtrauen gilt uns als gemein und niederträchtig ... Vertrauen ist immer ein Sprung über alle guten und bösen Erfahrungen hinweg ... Es muß Selbstverständlichkeiten im Leben geben, und man muß den Mut haben, zu ihnen zu stehen. Man kann nicht jeden Tag das Leben von vorn anfangen, indem man alles wieder in Frage zieht, was man gestern gelernt und gewonnen hat. Unsere Selbstverständlichkeiten sind von vielen Generationen erprobt, sie sind hundert- und tausendmal im Leben bewährt. Die Menschen ändern sich nicht, jedenfalls nicht in ihren wesentlichen Verhältnissen. Das ist ja der große Fehler, daß heute die Menschen immer so tun, als finge die Welt erst mit ihnen an, daß sie darum alles in Frage ziehen und darum niemals dazu kommen, den kleinen Baustein beizutragen, der ihnen im Rahmen des Ganzen zukommt ... Kein Volk kann nach tausendjähriger Geschichte sein Fundament zum zweiten Mal legen. Bricht das Fundament, dann ist es eben aus. Aber es ist ja nicht so. Das Fundament ist fest und gut."

Im April 1923 beginnt Dietrich Bonhoeffer – 17jährig – sein Theologiestudium in Tübingen. An dieser Universität hatte auch sein Vater angefangen zu studieren. So nahm er gleich nach seiner Ankunft Kontakt zur Verbindung seines Vaters auf, den „Igeln", die statt einer bunten Mütze ein widerborstiges Igelfell trugen. Er wurde ein eifriger Verbindungsstudent. Ein Bundesbruder erinnert sich: „In fast allen Bereichen war er etwas Besonderes, als Theologe, als Philosoph, als Musiker, als gewandter Gesellschafter und als körperlich zäher junger Mann. Er hatte einen Blick für das Wesentliche und den Drang, den Dingen auf den Grund zu gehen. Er war nicht eitel und vertrug auch Kritik."

In diesem Jahr des Höhepunktes der Inflation (1923) sind die äußeren Lebensbedingungen für ihn äußerst schwierig. Alles wird immer teurer. Er muß mit dem wertloser werdenden Geld neben den Ausgaben für Lebensmittel auch die Kosten für Unterkunft und für den Fechtunterricht begleichen.

In der Studentenschaft herrschte damals ein starker nationaler Widerstand gegen alles „Linke". So war es fast selbstverständlich, daß sich Studentenverbindungen an der – eigentlich verbotenen – militärischen Ausbildung beteiligten, also Kurse innerhalb der (schwarzen) Reichswehr mitmachten. Dietrich nahm im November 1923 daran teil und lebte zwei Wochen in einer Kaserne. Nach Ende dieser Zeit stellte er fest, daß diese zwei Wochen eigentlich ganz vernünftig gewesen seien.

Im Januar 1924 verunglückt er beim Schlittschuhlaufen; die Folgen davon – Schwindelanfälle – haben ihn längere Zeit belastet. Die Eltern besuchten ihn in Tübingen und schenkten ihm zum Geburtstag eine Italienreise, die er dann mit seinem Bruder Klaus Anfang April beginnt. Diese Fahrt führt über Rom, wo sie längere Zeit bleiben, nach Sizilien und nach Tripolis und dessen Umgebung. Im Juni 1924 ist Dietrich wieder in Berlin und wird nun dort bis zum Abschluß des Studiums bleiben.

Aus der Tübinger Zeit sind einige Hinweise auf sein privates Verhalten überliefert: Er wußte mit Medikamenten gut Bescheid und verordnete sie kranken Kommilitonen ohne Zögern. Auch offenbarte er eine Fähigkeit der Handschriftendeutung, zeitweise so erfolgreich, daß es ihm unangenehm wurde. Er beschäftigte sich eingehender mit den Schriften von Ludwig Klages (geboren 1872) „Über Handschrift und Charakter". Mich hat er später auf das Buch des jüdischen Philosophen Otto Weininger (geboren 1880) „Geschlecht und Charakter" hingewiesen, weil er es für möglich hielt, daß ein Zusammenhang zwischen der Erbanlage und dem Charakter bestehe.

In Berlin bleibt Dietrich Bonhoeffer, bis er Ende 1927 die Promotion und Anfang 1928 das Erste Theologische Examen abgeschlossen hat. Mit der Familie des Kirchenhistorikers Adolf von Harnack – Nachbarn im Grunewald – waren die Bonhoeffers befreundet. Der alte Gelehrte und der junge Student Dietrich fuhren oft gemeinsam vom Bahnhof Halensee aus mit der Stadtbahn zur Universität im Stadtzentrum. Ihr Verhältnis war so gut, daß der emeritierte Professor den Studenten zur Prüfung bei einem etwas pedantischen Theologen begleitete. Dietrich konnte eine Frage nicht beantworten und genierte sich zutiefst. Doch Harnack lachte nur und meinte, diese spezielle Frage hätte er auch nicht beantworten können.

Dietrich Bonhoeffer hatte keinen besonderen theologischen Lehrer; in gewisser Weise hatte er allen gegenüber Vorbehalte. Das bereitete ihm Schwierigkeiten, weil er sich entscheiden mußte, bei wem er seine Dissertation schreiben wollte. Schließlich entschloß er sich für Reinhold Seeberg (geboren 1859), einen profunden Kenner der Dogmengeschichte und konservativen Christen. Dieser war bereit, Bonhoeffers Dissertationsthema „Sanctorum Communio" – die Kirche als Gemeinschaft der Heiligen – anzunehmen. Dietrich hatte seinen theologischen Rückhalt in der Lehre Luthers; doch an Hegels Philosophie hatte er den formalen Umgang mit Problemen gelernt; der dänische Philosoph Søren Kierkegaard hatte ihm neue Perspektiven vermittelt; und der Soziologe Ernst Troeltsch hatte durch seine Untersuchungen über „die Kirche im Wandel der Zeiten" die soziologische Problematik der Kirchenexistenz neu aufgerollt. Nun lag Dietrich Bonhoeffer vor allem daran, die geistliche Perspektive von Kirche wieder neu zu stabilisieren. Das zeigt die sechste These, die er – im Zusammenhang von elf Thesen, die er für ein Streitgespräch nach seiner Prüfung aufgestellt hatte – so formuliert hat: „Die Kirche ist Christus ‚als Gemeinde existierend' und als Kollektivperson zu verstehen." Seine Dissertation wurde auch als Examensarbeit anerkannt; mit 22 Jahren war er nun – modern ausgedrückt – Doktor der Theologie, damals hieß das „Lizentiat".

Hans-Christoph von Hase studierte auch in Berlin Theologie und wohnte zeitweise im Bonhoefferschen Haus. Dort erlebte er das intensive Familienleben und die vielen Gespräche im engeren Freundeskreis. Dietrich – ein guter Kenner der deutschen Literatur und der Philosophie – liebte Diskussionen, sofern sie fachgerecht und geistreich geführt wurden. Belanglose Rederei war ihm zuwider. Er hatte aber auch Freude an Festen und Vergnügungen. Der Mitstudent Helmut Goes wunderte sich, als ihn Bonhoeffer ganz unerwartet fragte: „Wollen Sie heute abend zu uns zum Tanzen kommen?" Sein Eindruck: „Eine glänzende Soirée, eleganter Lebensstil, gewandte Konversation, schöne geistreiche Damen und Herren. Dietrich tanzte gut, spielte brillant Klavier und führte eine glänzende Unterhaltung." Er war ein starker Raucher und tat das mit Vergnügen. Wenn es ihm auf einem Fest nicht behagte, dann konnte er sich ganz plötzlich zurückziehen und blieb verschwunden.

Für das Erste Theologische Examen brauchte Dietrich Bonhoeffer die Bescheinigung über eine „kirchliche Betätigung". Diese Aufgabe übernahm er im Kindergottesdienst der Grunewaldgemeinde. Seine Methode dabei: Er erzählte den Kindern biblische Geschichten, spannend wie ein Kriminalroman und phantasievoll wie ein Märchen, und zeigte ihnen – wie er es von der Mutter gelernt hatte – die Illustrationen aus der Bilderbibel von Schnorr von Carolsfeld. Diese Kinder hat er dann auch zum Spiel in den Garten eingeladen oder mit ihnen Ausflüge gemacht.

Im Frühjahr 1928 begann die Vikarszeit in der deutschen Auslandsgemeinde von Barcelona. Auf der Hinreise hatte er einen Aufenthalt in Paris. Dort besuchte er die Kirche Sacre Coeur. Er notiert: „Ich kann mir einen betenden Mörder, eine betende Dirne viel eher vorstellen als einen eitlen Menschen im Gebet. Nichts ist dem Gebet so zuwider wie die Eitelkeit."

Die deutsche Kolonie in Barcelona umfaßte etwa sechstausend Personen, von denen sich dreihundert zur Kirchengemeinde hielten, doch nur vierzig von ihnen besuchten regelmäßig den Gottesdienst. Zum Gemeindevorstand gehörten Kaufleute, die kaum zur Kirche gingen, aber bezahlten. Barcelona war ein Sammelbecken von gescheiterten Existenzen, Hasardeuren, Emigranten und gesellschaftlichen Freibeutern. Die Kirchengemeinde hatte es vor allem mit denen zu tun, die auf Unterstützung angewiesen waren. Dietrich Bonhoeffer wurde zuerst als ein Außenseiter betrachtet. Um akzeptiert zu werden, mußte er Mitglied werden: im Deutschen Club, im Tennisclub, im Gesangverein. Da es ihm immer Freude machte, neue Menschen kennenzulernen, fügte er sich in das Unvermeidliche. Doch das eigentliche Gemeindeleben erschien ihm ziemlich ärmlich. So richtet er einen Kindergottesdienst ein. In der deutschen Schule wird ihm die Einführung des Religionsunterrichts jedoch verweigert, statt dessen kommt es zu einem Gesprächskreis mit den Primanern. Zur Mobilisierung der Gemeinde hält er Abendvorträge über die religiöse Lage der Gegenwart und die christliche

Ethik. Darin stellt er fest, daß es zahllose Wege des Menschen zu Gott gibt und demgemäß auch viele Ethiken. Aber es gibt nur einen Weg Gottes zum Menschen, das ist der Weg der Liebe, der in Christus verkörpert ist. Fazit: Das Christentum ist im Grunde a-moralisch, Christentum und Ethik sind auseinanderfallende Größen. Damals blitzt schon etwas von dem auf, was er viel später weiter ausführen wird: „Es gibt keine an sich schlechten Handlungen; auch der Mord kann geheiligt werden; es gibt nur ein Treubleiben oder ein Abweichen von Gottes Willen." Man muß bedenken, daß Bonhoeffer damals noch nicht Pazifist war, sondern eher den nationalen Vorstellungen der Auslandsdeutschen zuneigte.

Im Februar 1929 ist Bonhoeffer wieder in Berlin, die Vikarszeit ist beendet. Um nicht ins Predigerseminar zu müssen, bereitet er nun seine Habilitation vor, also den Weg zum professoralen Lehramt. Sein Thema: „Akt und Sein". Als Professor wählt er sich Wilhelm Lütgert (geboren 1867), einen Systematiker, der sich intensiv mit dem deutschen Idealismus beschäftigt hat. „Akt und Sein", das ist für Bonhoeffer die Frage des Verhältnisses vom kontinuierlichen Dasein Gottes zum aktuellen Da-Sein Gottes für mich. Wir haben viel über diesen Aspekt gesprochen; für ihn war das eine Grundfrage des Glaubens. Ich habe das Buch „Akt und Sein" nie richtig gelesen. Der redende Bonhoeffer war für mich immer viel interessanter und packender als seine gedruckten Texte. Ich war froh, als ich merkte, daß für ihn dieses Buch bald schon „Vergangenheit" war. Es erstaunte mich, wie Bonhoeffer es fertigbrachte, ein eigenes Werk so schnell als überholt anzusehen. Schreiben war für ihn eine Art Weg-Protokoll; am vorgesehenen Ziel angekommen, hatte es seine Funktion erfüllt.

Am 18. Juli 1930 fand die Habilitation statt. Am 31. Juli hielt er – 24 Jahre alt – seine Antrittsvorlesung über „Die Frage nach dem Menschen in der gegenwärtigen Philosophie und Theologie". Allerdings konnte er vor dem Erreichen des 25. Lebensjahres nicht ordiniert werden. Das geschah erst am 24. August 1931 nach seiner Rückkehr aus den USA. Diese Reise war möglich geworden, weil er durch den Akademischen Austauschdienst eine Freistelle bekommen hatte, und zwar im Union Theological Seminary in New York. Mitte September 1930 kam er dort an, bezog sein Zimmer und war nun wieder in der Rolle eines Studenten mit der Pflicht zur Teilnahme an Vorlesungen, Übungen und Zwischenprüfungen. Theologisch – das wußte er – würde diese Zeit ihm nicht viel bringen. Das Neue lag für ihn in der Stadt, den Menschen und den ganz anderen Lebensbedingungen. Fast unerträglich war ihm, daß im Haus ständig alle Türen offenstanden; er fühlte sich in seiner privaten Existenz bedroht.

Nur drei Europäer waren unter den etwa dreihundert Studenten: neben ihm noch Erwin Sutz aus der Schweiz und Jean Lasserre aus Frankreich. Sie sprachen englisch miteinander, weil Bonhoeffer schlecht in Französisch war und das Amerikanische mit seinen Slang-Worten für sie noch ziemlich unverständlich blieb. Die USA-Studenten wirkten auf sie wie verspielte, ziemlich naive Kinder. Bonhoeffer – obwohl der älteste unter ihnen – stellte keine Ansprüche und ging freundlich und großzügig mit den beiden anderen um. Ziemlich am Anfang dieser Zeit stand ein Kinobesuch, um den Remarque-Film „Im Westen nichts Neues“ anzusehen. Jean Lasserre erlebte dabei, wie die Zuschauer applaudierten, wenn die deutschen Soldaten die Franzosen in der Schlacht besiegten und töteten, und sie lachten, wenn die Franzosen von den Deutschen zurückgeschlagen wurden. Für die Zuschauer hatte das den Charakter eines Spiels, für Lasserre war es bitterer Ernst, denn es waren ja seine Landsleute. Und er konnte sich nicht dagegen wehren, daß die Kinder der einstigen Bundesgenossen – das waren ja die Franzosen im Ersten Weltkrieg – nun so viel Sympathie mit den deutschen Gewinnern hatten. Bonhoeffer beobachtete erschreckt, wie tief betroffen Lasserre das Kino verließ. Lasserre erinnert sich: „Als wir aus dem Kino kamen, zeigte er mir seine volle Sympathie. Mit großer Freundlichkeit und viel Takt sowie mit menschlicher Zuneigung tröstete er mich. Diese Erfahrung brachte uns nahe zueinander und verband uns. Wir verstanden nun besser als zuvor zwei Aspekte: einmal die Tiefe der Bindung, welche diejenigen zusammenhält, die an Christus glauben, über alle Barrieren hinweg, die Menschen gegeneinander aufgerichtet haben. Sodann die fragwürdige und künstliche Realität von Grenzen des Nationalismus, in denen einige Christen immer noch einen absoluten Wert zu sehen scheinen. Unsere pazifistische Überzeugung wurde für uns beide an diesem Tage tief begründet. Glaube hat entschieden mehr Gewicht und Bedeutung als Patriotismus.“

Offenbar haben sich Bonhoeffer und Lasserre weiterhin sehr gut verstanden, wenn auch beide – hinsichtlich ihrer Glaubensinterpretation – verschiedene Standpunkte vertraten. Das zeigte sich in einem Gespräch über ihre beiderseitigen Lebensziele. Lasserre sagte, er wolle ein Heiliger werden. Bonhoeffer nahm in seiner Antwort fast eine Gegenposition ein, als er erklärte, er wolle glauben lernen. Der Unterschied: Der eine hatte ein Ziel und ließ sich durch dieses Ziel den Weg bestimmen, der andere wußte, daß der „Weg des Glaubens“ die eigentliche Aufgabe enthält, weil man täglich neu herausfinden muß, wie der eigene Glaube gerade heute in den derzeitigen Gegebenheiten richtig praktiziert werden kann. Das läßt sich nicht vorher theoretisch erkennen, sondern muß im eigenen Tun erkennbar werden – als Gehorsam oder als Versagen. Ohne dieses „Experiment des Tuns“ läßt sich keine Klarheit über Weg und Ziel gewinnen.

Die „Wendung zum Pazifismus“, die beide in New York verband und über die nächsten Jahre hinaus aneinander gebunden hat, scheint für Bonhoeffer eine endgültige und grundlegende gewesen zu sein. Noch kurz vorher hatte er in einer Ansprache vor Studenten gesagt: „Ich stehe nicht nur als ein Christ vor euch, sondern auch als ein Deutscher, der mit seinem Volk glücklich ist und der leidet, wenn er sein Volk leiden sieht; und der dankbar bekennt, daß er alles, was er hat und ist, von seinem Volk empfangen hat ... Laßt mich ganz offen sagen, daß kein Deutscher und kein Ausländer, der die historischen Ursachen des Krieges kennt, daran glaubt, daß Deutschland die alleinige Kriegsschuld trägt – ein Satz, den wir gezwungen waren, im Versailler Vertrag zu unterzeichnen ... Jener 11. November 1918, der uns das Kriegsende brachte, war der Beginn einer neuen Periode des Leidens und des Unglücks.“

Ganz in der Nähe des Seminars lag das Negerviertel von East Harlem. („Neger“ war die damalige offizielle Bezeichnung für die Schwarzen in den USA, die auch Bonhoeffer gebrauchte.) Hier erlebte Bonhoeffer eine für ihn völlig neue Form von Religiosität und Musik, auch eine ganz neue Verbindung von Glauben und Leiden. Die Schwarzen waren zu dieser Zeit in den USA noch total entrechtet.

Als Vierter im Bunde der Studenten kam bald schon ein echter Amerikaner dazu: Paul Lehmann mit seiner Frau Marion. In deren Haus ist Bonhoeffer oft gewesen. Bei ihm hat er sich Rat geholt, wenn er mit den amerikanischen Verhältnissen nicht zurechtkam, mit ihm konnte er sich sogar über theologische Fragen und europäische Denkweise unterhalten. Paul Lehmann hat Bonhoeffer so charakterisiert: „Typisch war sein blondes Haar, das Hackenzusammenschlagen, das Kopfnicken, Sich-Verbeugen und Händeschütteln. Eine eindrucksvolle äußere Erscheinung unterstrich noch sein entschlossenes Auftreten. Er wirkte, als sei er gerade aus einer Wagneroper entsprungen.

Typisch deutsch war sein präzises und genaues Wissen, seine Ungeduld gegenüber jeder gedanklichen oder geschmacklichen Mittelmäßigkeit sowie gegenüber jeder Unernsthaftigkeit, die keine größeren Leistungen hervorbringt. Bei den Seminarübungen ärgerten ihn nicht so sehr die theologischen Ansichten der Studenten, viel stärker nahm er Anstoß an der Oberflächlichkeit des Denkens und Wissens, das ihrer Meinungsbildung zugrunde lag. Ich werde mich immer daran erinnern, wie er es ablehnte, mit mir Tennis zu spielen, nachdem ich ihm eingestanden hatte, daß ich kein guter Tennisspieler sei. Mein Vorgehen hielt er für eine unerlaubte Beschlagnahme des Spielplatzes. Gleich hohe Anforderungen stellte er jedoch auch an sich selbst. Er wollte unbedingt Autofahren lernen; mindestens drei- oder viermal fiel er – zu seinem großen Ärger – bei der Prüfung durch. Er vermutete (wahrscheinlich zu Recht), daß sein Durchfallen mit seiner Weigerung zusammenhing, dem Prüfer einen Fünf-Dollar-Schein in die Hand zu drücken. Aber schließlich siegte seine Ausdauer. Um doppelt sicherzugehen, überredete er mich dann, ihn auf seiner ersten Überlandfahrt zu begleiten. Als wir Chicago erreicht hatten, konnte er bereits so gut fahren, daß keine Gefahr mehr bestand.

Am wenigsten deutsch war wohl sein Sinn für Humor. Er nahm ein theologisches Argument niemals tierisch ernst; auch seine Weigerung beim Tennisspiel trug ein kleines Lächeln in sich. Vielleicht war die Freundschaft mit dem Negerstudenten Frank Fisher ein Akt der Vorsehung, um ihm die geheimnisvolle Verbindung von Leiden und Humor verständlicher zu machen.

Typisch undeutsch war auch seine Freude an allem Neuen. Frank Fisher verkörperte für ihn eine fremde Art der Menschlichkeit, einer menschlichen Natürlichkeit, die einem Volk entstammte, das sich trotz seines Kulturverlustes noch eine ungebrochene, schöpferische Kraft bewahrt hatte, geboren aus einer geheimnisvollen Mischung aus Leid und Fröhlichkeit. Die Negro-Spirituals faszinierten Bonhoeffer in zunehmendem Maße."

Ich habe 1952 längere Zeit in East Harlem gelebt. Inzwischen war dort eine intensive Gemeindearbeit durch Studenten und Dozenten des Union-Seminars entstanden. Diese Weißen arbeiteten in ihrer Freizeit nicht nur dort, sondern wohnten auch bei den

Schwarzen, ein Zeichen dafür, daß sie wirklich dazugehören wollten. Hier entstanden die ersten Ladenkirchen. Kirchengebäude gab es kaum, aber leere Läden, die nun umfunktioniert wurden für Begegnungen, Gespräche, Zusammenkünfte und Andachten. Die verwahrloste Jugend sollte in ständigem Kontakt langsam wieder an eine soziale Existenz und an ein verantwortliches Leben herangeführt werden. Die Wohnverhältnisse waren katastrophal, die Kriminalität überdimensional. „Treibsand" mußte eingefangen und sozialisiert werden. So etwas kann man nicht mit Worten erreichen, sondern nur durch das Beispiel in einer intensiven Zusammengehörigkeit. Bonhoeffer hat 1930 diese Verlorenen in einer wesentlich intensiveren Weise kennengelernt. Dort hat er auch – wie er gelegentlich sagen konnte – mehr Liebe, mehr Glaube und mehr Menschlichkeit gefunden als in dem ganzen übrigen zivilisierten Amerika. Eine Dimension des Glaubens hat sich ihm aufgetan, die ihn – jenseits von Theologie und Kultur – beeindruckte. Die Negro-Spirituals haben ihn sein ganzes weiteres Leben hindurch begleitet.

Im Juli 1931 kam Bonhoeffer nach Berlin zurück. Sofort danach fuhr er – durch Vermittlung von Erwin Sutz – nach Bonn, um Karl Barth kennenzulernen, dessen theologische Schriften auf ihn großen Eindruck gemacht hatten. So hat er es immer gehandhabt: Interessierte ihn ein Mensch – sei es ein bekannter Professor oder ein wichtiger Zeitzeuge –, so hat er versucht, ihn zu besuchen oder irgendwo zu treffen. Die distanzierte Kenntnis genügte ihm nicht; Person und Werk gehören unaufhebbar zusammen, andernfalls bleibt das Werk unverständlich und mißdeutbar. Der Schweizer Karl Barth (geboren 1886) hatte 1921 mit seiner Interpretation des Römerbriefes Aufsehen erregt. Damals noch Landpfarrer und religiöser Sozialist, hatte sein Angriff auf die bisherige deutsche Theologie – später bekannt als „Dialektische Theologie" – so stark gewirkt, daß er bald darauf zum Professor an eine deutsche Universität berufen wurde und in Deutschland bis zu seiner Entlassung durch die Nazis im Jahre 1935 lehrte. In Bonn mußte Bonhoeffer die Erfahrung machen, daß die Barthschen Schüler – die sogenannten Barthianer – eine festverschworene Gemeinschaft waren, die jeden Eindringling von außen erst einmal abwehrten. Doch allmählich kam es dann doch, auch mit Hilfe von Barth selbst, zu einer Verständigung. Allerdings: Als 1936 ein Aufsatzband zum 50. Geburtstag von Karl Barth erstellt werden sollte, wurde Bonhoeffer nicht um einen Beitrag gebeten. Er hat das als schmerzlich empfunden, meinte aber mir gegenüber, es sei doch ganz gut so, denn er sei wirklich kein echter Barthianer.

Dennoch hat Barth – durch seine Schriften und durch die persönliche Begegnung – einen nachhaltigen Eindruck bei ihm hinterlassen, wobei man dies im Zusammenhang der letzten Jahre sehen muß. Bonhoeffer hatte sein Theologiestudium – modern ausgedrückt – etwas leichtfertig begonnen und betrieben, eben als eine „wissenschaftliche Leistung". Doch die verschiedenen Erfahrungen, die er machte, im Studium, mit seinen Freunden und danach auf Reisen mit Menschen in ganz anderen Lebensverhältnissen, haben ihn immer stärker dazu geführt, nach den eigentlichen Quellen des Glaubens zu fragen und über die Dimension eines gelebten Glaubens immer intensiver nachzudenken. Jedenfalls schreibt er am 27. Januar 1936 aus Finkenwalde an seine Vertraute Elisabeth Zinn: „Ich stürzte mich in die Arbeit in sehr unchristlicher Weise. Ein Ehrgeiz, den manche an mir gemerkt haben, machte mir das Leben schwer ... Dann kam etwas anderes, das mein Leben bis heute verändert und herumgeworfen hat. Ich kam zum ersten Mal zur Bibel ... Ich hatte schon oft gepredigt, ich hatte schon viel von der Kirche gesehen, darüber geredet und gepredigt – und ich war noch kein Christ geworden ... Ich weiß, ich habe damals aus der Sache Jesu Christi einen Vorteil für mich selbst gemacht ... Daraus hat mich die Bibel befreit und insbesondere die Bergpredigt ... Da wurde es mir klar, daß das Leben eines Dieners Jesu Christi der Kirche gehören muß, und Schritt für Schritt wurde es deutlicher, wie weit das so sein muß ... Es lag mir nun alles an der Erneuerung der Kirche und des Pfarrerstandes."

Ab 1. August 1931 ist Bonhoeffer Privatdozent und außerplanmäßiger Assistent am Systematischen Seminar in Berlin. Außerdem übernimmt er die Studentenseelsorge an der Technischen Hochschule. Dieser Versuch scheint nicht gelungen zu sein, trotz seines Angebots von Vorträgen, Sprechstunden und Arbeitsgemeinschaften. Offenbar lag der „technische Bereich" bereits sehr weit entfernt von der Geisteswissenschaft und ihren Denkweisen. Bischof Karow als zuständiger Dienstaufsichtsführender stellt am 2. Januar 1934 in einem Bericht fest: „Bonhoeffer hat (1933 am Ende seiner Tätigkeit) mündlich sein Bedauern darüber ausgesprochen, daß es nicht nur nicht gelinge, das Arbeitsgebiet zu erweitern, sondern daß im Gegenteil sein Dienst weniger in Anspruch genommen werde als in früheren Jahren." Diese Entwicklung hängt sicherlich auch mit dem Einbruch der NS-Ideologie in die Universität zusammen. Die Berliner Universität hatte damals knapp 10.000 männliche und knapp 3.000 weibliche Studenten. An der Technischen Hochschule waren etwa 4.300 Studenten eingeschrieben.

Berlin – die Zeit mit meinem Lehrer

Das Sommersemester 1932 sollte für mich eine besondere Bedeutung bekommen. Es war das fünfte Semester meines Theologiestudiums an der Berliner Universität. Allerdings hatte es mich bisher nicht allzusehr interessiert. Bei den exegetischen und historisch-kritischen Analysen der biblischen Texte vermißte ich die Herausarbeitung der Aussage, also die Vermittlung der tatsächlichen Botschaft. Und in der Kirchengeschichte fehlte mir jeweils der Motor der Abläufe; es war alles „trockene“ Historie. Ich war unbefriedigt geblieben, weil ich „die Wahrheit“ suchte, die doch eigentlich in all den Texten und Ereignissen erhalten geblieben sein sollte. Darum hatte ich lange Zeit meine Aktivität auf andere Fachgebiete wie Kultursoziologie, Geschichte, Journalismus und Philosophie verlagert und mich zusätzlich außerhalb der Universität in einem politischen Arbeitskreis von Hans Schwarz (dem Herausgeber der Schriften von Moeller van den Bruck) und in einem literarischen Kreis der Zeitschrift „Eckart“ (Initiator Harald Braun, der später als Regisseur bekannt geworden ist) engagiert. In der Vorbereitung für meinen Studienplan 1932 war ich auf die Ankündigung einer Vorlesung gestoßen, die den Titel „Das Wesen der Kirche“ trug. Angeboten wurde sie von einem unbekannten Privatdozenten. Ich konnte mir darunter nichts vorstellen, fand dieses Thema aber interessant angesichts der vielen wissenschaftlich abstrakten Darlegungen der Fachprofessoren. Ich ging mit einiger Skepsis zu der Vorlesung, die für den späten Vormittag angesetzt war und in einem großen Hörsaal im oberen Stockwerk des Universitäts-Gebäudes stattfand. Sie war für wöchentlich eine dreiviertel Stunde angekündigt. Zuerst erschrak ich, denn in dem Raum waren die paar Zuhörer kaum zu finden. Knapp zwanzig Personen saßen einzeln verstreut in den Bänken. Beinahe hätte ich den Saal wieder verlassen, versucht, aus dem Interesse der Zuhörer auf die Qualität des Dozenten zu schließen. Doch dann blieb ich – aus reiner Neugier. Und ich wurde sofort von einem jungen Mann gefesselt, der mit schnellen elastischen Schritten in den Raum kam und auf das Podium zustrebte: mittelgroß mit breitem, etwas eckigem Gesicht, untersetzte athletische Figur, schütteres blondes Haar, randlose Brille mit Goldbügel. Man spürte, wieviel Kraft in diesem Körper steckte, und bei seinen Worten wurde dann auch sofort deutlich, wie engagiert er war und wie stark ihn die Sache, die er vorzutragen hatte, fesselte. Nach kurzen Hinweisen auf den Aufbau seiner Vorlesung schlug er sein Manuskript auf und – las seinen Text nicht vor, sondern interpretierte seine Niederschrift für die anwesenden Hörer. Er sprach langsam, stark akzentuiert, mit einer kehligen Stimme, doch ohne jegliches Pathos, fast etwas monoton. Er war für uns präsent, und wir waren es auch für ihn. Er redete mit uns, nicht für uns. Die Überraschung kam für mich gleich am Anfang. Er sagte – so habe ich es in Erinnerung: „Heute wird immer wieder gefragt: ‚Brauchen wir die Kirche noch?‘, ‚Brauchen wir Gott noch?‘,Können wir nicht auch gut ohne diese Hilfe auskommen?'“ Und dann ging es weiter: „Doch diese Frage ist falsch gestellt. Denn Gott steht gar nicht zur Debatte. Er ist da, und er bleibt da. Die Kirche ist da und bleibt Gottes Kirche. Wir sind infolgedessen nur gefragt, ob wir das annehmen wollen oder nicht. Gott ist da und handelt. Er hat sich in der Kirche offenbart. Er ist der Herr, und er braucht Menschen.“

Diese Sichtweise war für mich völlig neu. Nach den Zeiten des Problematisierens von theologischen und kirchlichen Gegebenheiten – wie das im Studium üblich war – ging hier ein Mann völlig selbstverständlich davon aus, daß es unaufhebbare christliche Tatbestände gibt, denen wir uns zu fügen hätten. Schlagartig wurde eine Realität sichtbar, an der wir nicht mehr rütteln konnten, weder durch Zweifeln noch durch Leugnen. Das wirkte damals auf mich wie eine Befreiung. Da gab es Tatbestände, auf die ich mich verlassen konnte. Da wurde mir klar, daß es eine – jenseits des Menschen liegende – Realität gibt, die Gültigkeit behält, völlig unabhängig von der Haltung des Menschen.

An der Art der Darbietung wird ein wesentlicher Zug Bonhoeffers deutlich: Er akzeptiert Tatsachen und hinterfragt sie nicht. Vielmehr läßt er sich durch diese Tatsachen in seinem Denken Grenzen setzen. Er hätte mit Leichtigkeit weiterfragen können, mit Klugheit und Intelligenz alle Fehler der Kirche aufdecken und ihre klägliche Rolle in der Gegenwart enthüllen können. Aber damit hätte er – wie er wußte – an der Sache vorbeigeredet, denn die Sache bedeutete: Es gibt unaufhebbare, unkritisierbare und nicht zerstörbare Realitäten, Gottes Gegenwart in der Kirche, und damit auch Gottes Herrschaft über die Welt. Bonhoeffer akzeptierte einen festen Punkt im christlichen Suchen und Fragen und anerkannte diesen

Punkt als feste Grenze auch für sein eigenes Überlegen. Für ihn gab es etwas Festes, Unzerstörbares, auf das er sich verlassen konnte.

Naturgemäß behandelte Bonhoeffer in dieser Vorlesung nicht nur die theologischen Aspekte von Kirche, sondern auch die dogmengeschichtliche Interpretation, die der Kirchenbegriff im Ablauf der Zeit durchgemacht hatte. Dennoch blieb von Anfang an eines unbestritten: Es gibt eine göttliche Realität in dieser Welt, die unzerstörbar ist und bleibt.

Bonhoeffer hatte 1927 in seiner Promotionsschrift eine faktische Identifizierung von Christus und Kirche vertreten. Doch diese These ließ sich im Kirchenkampf nach 1933 nicht mehr aufrechterhalten. Infolgedessen war es später die Bekennende Kirche, die Bonhoeffer als die allein rechtmäßige Kirche Christi interpretierte. Es ist für ihn jedoch immer Realität geblieben, daß der lebendige Christus hier auf der Erde in seiner Gemeinde gegenwärtig ist.

Die Wirkung von Bonhoeffers Vorlesung war so stark, daß fast alle Teilnehmer das ganze Semester über dabeiblieben. Es kamen auch noch einige hinzu, insgesamt gesehen, blieb dieser 26jährige Mann bei der Studentenschaft jedoch eher unbekannt.

Bonhoeffer zeigte ein erstaunlich umfassendes Fachwissen, aber es war für Studenten etwas zu viel verlangt, sich so widerspruchslos – das heißt ohne Diskussion und Gegenargumente – mit „göttlichen Gegebenheiten" abzufinden. Manchen erschien es vielleicht auch zu billig, nur hinzunehmen, daß es so war. Doch gerade das erwies sich – im Verlauf der weiteren Vorlesungen und Übungen – als die grundlegende Basis von Bonhoeffers Denken. Er ließ Gott als Realität und Christus als seinen Mittler niemals in Frage stellen. Und dies bedeutete eben auch: Der Mensch baut nicht die Kirche, gestaltet nicht ihr Dasein, sondern diese Kirche ist vorgegeben, und der Mensch kann nur noch in ihr und mit ihr leben. Dabei wurde auch klar, daß die Kirche – wie Christus auch – zur Welt gehört, also allen Leiden und aller Schwachheit dieser Welt unterworfen ist. „Die Kirche kann wie Jesus obdachlos werden", und „nur die Kirche ist ganz frei, die sich zu ihrer Weltlichkeit bekennt". Und das heißt: „Als Unreine sind wir die Gemeinschaft der Heiligen."

Nach dieser ersten Erfahrung mit dem neuen Dozenten war es für mich selbstverständlich, nun auch an seinem Seminar über die „Probleme der theologischen Anthropologie" teilzunehmen. Das Seminargebäude lag direkt hinter dem Universitätskomplex auf der anderen Seite der Dorotheenstraße, und die Räume des Systematischen Seminars befanden sich im oberen Stockwerk. Als ich am frühen Nachmittag die Treppe zum Tagungsraum emporstieg, öffnete sich die Tür des Dozentenzimmers. Bonhoeffer trat heraus, sah mich kurz an, begrüßte mich und fragte, ob ich bei ihm die Aufgabe eines „Seniors" (also eines Assistenten) übernehmen würde. Ich war ziemlich perplex. Einmal meinte ich, nur ein altgedienter Professor hätte Senioren; und andererseits konnte ich mir gar nicht vorstellen, was ich bei einem so jungen Dozenten als Senior zu tun hätte. Ich sagte dennoch sofort zu. Später stellte sich heraus, daß es mancherlei zu tun gab. Der Kreis der Seminarteilnehmer war klein, etwa zwölf Personen. Alle waren wohl auch Hörer seiner Vorlesung. Bonhoeffer gab zu Anfang der Zusammenkunft einige Hinweise zum Aufbau des Themas: Der Mensch als Geschöpf und als Struktur; dazu weiter: Unmittelbarkeit der Reflexion, Selbsterkenntnis, Glaube, Wissen, Erkennen, Gehorsam und Tun. Eine Fülle von Namen und theologischen Fachwörtern wurden verwendet. Wir saßen etwas ratlos da, weil wir nicht verstanden, was wir mit diesen vielen neuen Hinweisen anfangen sollten. Schließlich kam die Rettung: Wir würden als Hilfsmittel das Buch von Emil Brunner, „Gott und Mensch", benutzen. Ich mußte schnell in die Buchhandlung eilen, um zu erkunden, ob wir das Buch dort bekommen könnten und welche Ermäßigung möglich wäre. Wahrscheinlich hat Bonhoeffer in diesem Seminar sehr viel Wissen an uns weitergegeben. Doch davon blieb zuerst nicht allzuviel hängen. Aber wir hatten den Brunner und konnten uns daran festhalten.

Im Rückblick wird deutlich, daß Bonhoeffer immer große Themenpläne aufstellte, dann jedoch mehr darauf achtete, daß wir in die Diskussion hineingezogen wurden. Seminar war für ihn Gespräch. Und in diesem Gespräch lernten wir, richtiges von falschem Denken, billige theoretische von echter biblischer Antwort zu unterscheiden. Das Resultat solcher Seminararbeit war nicht: mehr Wissen, sondern mehr Können. Bonhoeffer vermittelte gleichsam seine eigenen Erfahrungen im Umgang mit der Wahrheit Gottes. In meinen Notizen gibt es Hinweise auf das, was er den „christlichen Habitus" – die christliche Haltung – nannte: Der christliche Charakter trägt als Grundelement in sich das „Von-sich-Wegsehen". Die Erkenntnis, daß ich als Sünder meinem guten und schlechten Charakter zum Trotz gerechtfertigt bin, macht die Charakterbildung zu etwas Sekundärem, zu einem Vorletzten. Dennoch gibt es bestimmte

Übungen, die den Charakter bilden: Kirchlichkeit, Frömmigkeit, Bibellesen, Askese, Gebet. Hierin bewährt sich der Gehorsam gerade derer, die „aus Gnaden angenommen“ sind. Der christliche Charakter ist also in den Dienst des anderen gestellt. Wer an Gott glaubt, der zeigt an den Früchten den Glauben.

Es war bei einem der ersten Seminartreffen, daß der äußerst pünktliche Dozent plötzlich ausblieb. Wir warteten. Es dauerte ziemlich lange – weit über eine halbe Stunde –, bis er dann erschien und uns mitteilte, er habe einen wichtigen Besuch im Krankenhaus machen müssen. Einer seiner ehemaligen Konfirmanden müsse operiert werden, es ginge ihm sehr schlecht. Er habe ihn immer zwei- bis dreimal wöchentlich besucht und hätte das auch jetzt tun müssen. Dieser Besuch hätte unbedingt jetzt geschehen müssen, er wäre zu keiner anderen Zeit möglich gewesen.

So wurde uns bekannt, daß Bonhoeffer einige Monate lang in Berlin-Mitte – in der Zionsgemeinde – eine Konfirmandengruppe übernommen und betreut hatte. Ende 1931 war Dietrich Bonhoeffer, als Hilfsdienstpflichtiger an Weisungen des Konsistoriums gebunden, in den Berliner Norden entsandt worden, um eine Konfirmandenklasse zu übernehmen, die derzeit ohne Betreuung war. Er kam in ein typisches Arbeiterviertel.

Eine ehemalige Mitstudentin, Bertha Schulze, hatte für ihn ein Zimmer bei einem Bäckermeister gemietet; Bonhoeffer wollte möglichst oft in der Nähe dieser Jungen sein und nicht nur für die Zeit des Unterrichts erscheinen. Der Bäckermeister war etwas erschrocken über diesen Mann aus dem vornehmen Berliner Westen und erkundigte sich über ihn bei dem Nachbarpfarrer Fritz Figur, einem Freund Bonhoeffers, was dieser jedoch nicht wußte. Der Bäckermeister – ein typischer Kleinbürger – war besorgt, daß da ein hochnäsiger Großbürger, vielleicht sogar ein Katholik bei ihm einziehen würde. Er wurde von Pfarrer Figur beruhigt und ließ nun den Dingen ihren Lauf. In Bonhoeffers Zimmer konnten die Jungen jederzeit kommen. Die Folge davon: Die Bäckerfrau hatte jeden Abend einen Haufen Gäste abzufüttern, natürlich auf Bonhoeffers Kosten. Ihre eigenen Kinder waren so auch ständig eingeladen. Einer der Konfirmanden – es waren insgesamt acht – erinnert sich: „Es war so ganz anders, wie Bonhoeffer uns begegnete. Er hatte eine Art, mit uns umzugehen, daß wir das Gefühl bekamen, er sei einer von uns. Er erzählte Geschichten, aber immer mit Bezügen zum aktuellen Geschehen; auch wollte er immer unsere Meinung dazu wissen. Es war gut, daß er uns nichts Fertiges vorgelegt hat. Er brachte uns das Schachspielen bei und begann auch mit dem Englisch-Unterricht." Diese Kinder waren nicht aus Überzeugung im Konfirmandenunterricht, sondern aus bürgerlicher Tradition. Die Eltern waren zwar rot, aber sie wollten doch eine gewisse Tradition wahren.

Bonhoeffer hat die zweite Hälfte des Wintersemesters ganz für diese Konfirmanden drangegeben. Seine Vorlesungen hat er gehalten. Aber sonst lebte er im Norden. Auf die Konfirmandenstunde hat er sich offenbar nicht besonders vorbereitet, sondern hat sich durch Gespräche mit den Jungen in die Aufgabe hineinführen lassen. Die schlimmsten Erfahrungen hat er bei den Hausbesuchen gemacht. Das waren qualvolle Stunden oder auch Minuten, wenn er versuchte, ein seelsorgerliches Gespräch zu führen; da lief alles stockend und lahm. Dazu die ärmlichen Verhältnisse. Manche reden dann plötzlich ganz ungeniert über ihren Lebenswandel; doch wenn man dazu etwas sagen würde, könnten sie das – so sein Eindruck – überhaupt nicht begreifen.

Gegen Ende der Unterrichtszeit hat Bonhoeffer einen großen Stoffballen besorgt, damit jeder Konfirmand einen neuen festlichen Anzug bekommen konnte. Die Jungen sollten auch bei der Vorbereitung der Predigt mithelfen. Der 13. März 1932 war nicht nur der Tag der Konfirmation, sondern auch der Tag der Wahl des Reichspräsidenten. Die kirchliche Feier verlief trotzdem ohne Störungen. Die Kirche war übervoll. Bonhoeffer war inzwischen sehr beliebt bei der ganzen Gemeinde.

Nach der Konfirmation fuhr Bonhoeffer mit den Jungen für einige Tage in das Ferienhaus seiner Eltern nach Friedrichsbrunn (Ostharz) – für die meisten das erste Mal, daß sie aus dem Slum der Großstadt hinauskamen aufs Land. Sein Vetter Hans-Christoph von Hase hat bei der Unternehmung geholfen. Einer der Jungen hatte in Erfahrung gebracht, daß Bonhoeffer für diese Zeit eigentlich eine Reise geplant hatte und daß er zu ihren Gunsten darauf verzichtete. Das hat bei ihnen großes Erstaunen ausgelöst. Ein dreiviertel Jahr später kamen einige dieser Jungen in Gefahr; die Kommunistenverfolgung der Nazis bedrohte auch sie. Die Gefährdeten wurden mit Bonhoeffers Hilfe – solange es nötig war – einzeln bei befreundeten Familien untergebracht und so dem polizeilichen Zugriff entzogen.

Seit Bonhoeffers Studienzeit bestehen intensive Beziehungen zu zwei Personen, die ich damals kennenlernte: Das ist einmal Elisabeth Zinn, mit der Bonhoeffer das Seminar von Reinhold Seeberg besucht hatte. Sie war die Tochter des Leiters der Inneren Abteilung des Städtischen Krankenhauses Moabit. Ihr besonderes Interesse galt dem schwäbischen Theologen Friedrich Christoph Oetinger (1702–1782), über den sie auch promoviert hatte. Auf die Gebete von Oetinger hat Bonhoeffer in seinen Gesprächen oder Übungen öfter hingewiesen. Elisabeth Zinn weckte wohl Bonhoeffers Interesse am württembergischen Pietismus, besonders an Johann Albrecht Bengel und dessen „Gnomon" (biblische Kurzauslegung). Außerdem schätzte er Vater und Sohn Blumhardt sehr, Johann Christoph und Christoph. Vor allem die konsequente Glaubenshaltung des alten Blumhardt imponierte ihm außerordentlich. Für ihn war alles in der Bibel wahr. So erzählte Bonhoeffer, daß Blumhardt in seinem Pfarrhaus ständig einen Pferdewagen bereitgehalten habe, um Christus entgegenzufahren, wenn dieser wiederkommen würde. Bonhoeffer dazu: Der Tod ist gar nicht so sicher, aber die Wiederkehr Christi.

Elisabeth Zinn habe ich kennengelernt als eine intelligente Frau, schlank, dunkelhaarig, sehr sachbezogen und eifrig. Sie war Vikarin bei dem Pfarrer der Kaiser-Wilhelm-Gedächtniskirche, Gerhard Jacobi, in dessen Wohnung die ersten Zusammenkünfte der oppositionellen Pfarrer 1933 stattfanden. Sie schien – nach meinem Eindruck – stark auf ihren Dienst und ihre Aufgabe fixiert zu sein.

Bonhoeffer hat ihr aus London alle seine Predigten zugesandt. Diese intensive Beziehung ist 1936 zu Ende gegangen. Elisabeth Zinn heiratete 1938 den Neutestamentler Günther Bornkamm, dessen zweite Frau sie wurde. Alle Briefe Bonhoeffers hat sie später vernichtet.

Für Bonhoeffer sind diese Jahre offenbar ziemlich schwierig gewesen. Jedenfalls ergibt sich das aus einem Brief, den er aus dem Gefängnis am 29. Mai 1944 an seine Braut Maria von Wedemeyer geschrieben hat: „Ich habe auch jenes besinnungslose, schwere, ungewisse Verlangen schon in meinem Leben kennengelernt. Es blieb unerfüllt. Ich habe schon einmal ein Mädchen sehr gern gehabt. Sie wurde Theologin, und wir gingen viele Jahre nebeneinander her. Sie war kaum jünger als ich. Ich war 21 Jahre, als das anfing. Wir wußten voneinander nicht, daß wir uns gern hatten. Über acht Jahre gingen vorüber. Da erfuhren wir es durch einen Dritten, der glaubte, uns beiden helfen zu können. Wir haben dann darüber offen gesprochen. Aber es war zu spät. Wir hatten zu lange aneinander vorbeigelebt und uns mißverstanden. Wir konnten uns nie mehr ganz verstehen."

Bonhoeffer war damals der Ansicht, daß ein Pfarrer in Zeiten der Gefährdung nicht heiraten dürfe; er muß in der Lage sein, sich ohne Rücksichtnahme voll einsetzen zu können.

Doch ganz so einfach ist es dann doch nicht gewesen. Am 14. Dezember 1938 schreibt er an Paul Lehmann in New York etwas resigniert: „Jean Lasserre hat sich verheiratet; unsereiner kann sich das nicht erlauben."

Die andere wichtige Person aus der Studienzeit ist Franz Hildebrandt. Er war drei Jahre jünger als Bonhoeffer, Sohn eines Professors der Kunstgeschichte in Berlin. Die Mutter war Jüdin, darum galt er in der Nazizeit als „Halbjude". Er wirkte etwas unproportioniert, mit einem großen Kopf und einem fast dürren Körper; auch hatte er einen etwas unbeholfenen Gang. Damals fertigte er eine Lizentiatenarbeit über das Wort „est" an; dieses „ist" hat Luther im Abendmahlsstreit benutzt, um herauszustellen, daß im Abendmahl Christus wirklich anwesend ist.

Für Hildebrandt war das Haus im Grunewald bald eine zweite Heimat, eine Oase der Freiheit mit gutem Humor und frischer Luft. In den dreißiger Jahren haben beide gegenseitig bei ihrer Ordination assistiert. Damals hatten sie auch geplant, gemeinsam in ein Berliner Pfarramt überzuwechseln. Im Sommer 1933 hätte das beinahe geklappt. Doch Bonhoeffer sagte ab, weil inzwischen der Arierparagraph für Pfarrer eingeführt worden war; Hildebrandt hätte nicht angestellt werden können, und das konnte er nicht akzeptieren.

Diese Freundschaft beruhte weniger auf Übereinstimmung in Fachfragen als auf der Erkenntnis, daß einer vom anderen lernen könne. Wer die beiden erlebt hat, der erinnert sich an endlose Gespräche mit ständig kontroversen Positionen. Diese Freude am Disput wurde auch noch fortgesetzt, wenn längst das Ziel erreicht war. Das Wortgefecht mit Witz und Geist war ein wichtiges Element dieser Freundschaft. Als literarische Frucht aus dieser Zeit ist ein gemeinsam erarbeiteter Lutherischer Katechismus entstanden: „Glaubst du, so hast du." Franz Hildebrandt hatte in Luthers Werken eine Bekenntnisformulierung aufgestöbert, die sie dann öfter im Gottesdienst benutzt haben:

„Ich glaube an Gott, daß er mein Schöpfer sei; an Jesum Christum, daß er mein Herr sei; an den Heiligen Geist, daß er mein Heiligmacher sei.

Gott hat mich geschaffen und mir Leben, Seele und Leib und alle Güter gegeben. Christus hat mich gebracht in seine Herrschaft durch seinen Leib, und der Heilige Geist heiligt mich durch sein Wort und die Sakramente, die in der Kirche sind; er wird uns völlig am jüngsten Tag heiligen.

Das aber ist der christliche Glaube: Wissen, was du tun sollst und was dir geschenkt ist."

Damals war in der Preußischen Bibelanstalt noch ein alter Druck des lutherischen Originaltextes der Bibelübersetzung erhältlich – ein vergilbtes, ungebundenes Bündel Papier. Bonhoeffer und Hildebrandt waren begeistert, als sie gerade noch die letzten Exemplare ergattern konnten.

Gleich zu Anfang unserer Bekanntschaft nahm mich Bonhoeffer mit zur Hochzeit seines Vetters Hans-Christoph von Hase in Frankfurt an der Oder. Ich wußte nicht recht, warum er das tat; aber er hielt das für richtig und wichtig. Ich hatte den Eindruck, daß er nur ungern allein reiste. Im dortigen Familienkreis kam ich mir ziemlich überflüssig vor, denn es war wirklich ein reines Familientreffen. Außerdem ging es in diesem Pfarrhaus – im Unterschied zu dem, was ich aus Berlin kannte – sehr liebevoll, aber auch etwas langweilig zu. Immerhin habe ich dabei erfahren, wie der Hintergrund der Bonhoefferschen Welt mütterlicherseits beschaffen war. Hans-Christoph von Hase hat über die gemeinsame Zeit mit Bonhoeffer berichtet: „Fast jeden Sonntag war ich im Bonhoefferschen Haus, ein ganzes Semester wohnte ich da. Unzählige Gespräche über alles, was Studenten und Theologen bewegt, haben wir geführt. Besonders denke ich an die Fortsetzungen der Sonntagstischgespräche mit den älteren Brüdern, wenn alle drei, dazu ich oder auch Franz Hildebrandt hintereinander um den runden Eßtisch marschierten, in heftige Auseinandersetzungen verwickelt."

Im Gegensatz zu dieser Turbulenz stand das Schweigen über persönliche Dinge, eine Haltung, die alle Familienmitglieder einnahmen. Dazu Hans-Christoph von Hase: „Dieses ungewöhnliche Schweigen ... war nicht nur die absolute ärztliche Verschwiegenheit des Vaters, es war der Abscheu dagegen, sich mit seinen seelischen Problemen wichtig zu machen, andere damit zu belasten. Man stellte seine Nöte nicht dar, und man mengte sich in die Nöte anderer nicht ein, auch wenn man sie handgreiflich spürte."

Ein weiterer Hinweis von Hans-Christoph von Hase: „Bereits in unseren friedlichen Studentenjahren sagte Dietrich gelegentlich, ein Pfarrer dürfe heutzutage gar nicht heiraten. Das mag ihn auch bestimmt haben, an Heirat nicht zu denken, nachdem Hitler an die Macht gekommen war. Hinzu kam, daß er, von vielen Mädchen angeschwärmt, außerordentlich sensibel gegen die kleinste Aufdringlichkeit des anderen Geschlechts war und in seiner Mutter und seinen Schwestern einen schwer erreichbaren Maßstab für die Wahl seiner Lebensgefährtin hatte."

Unser Leben war damals viel stärker an die eigene Familie und den engeren Bekanntenkreis gebunden, als man sich das heute vorstellen kann. Auch zeigten sich schon die politischen Gefährdungen. Schließlich waren die Verkehrsverhältnisse so, daß jede größere Reise mit erheblichen Belastungen verbunden war. Soweit ich mich erinnere, habe ich in den Jahren 1932 bis 1938 nur sechs größere Fahrten gemacht, davon drei dienstlich; sonst habe ich mich immer nur in Berlin und seinem engeren Umkreis aufgehalten. Bei Dietrich Bonhoeffer war das etwas anders. Er gehörte zu denen, für die Reisen ein wesentlicher Bestandteil des Lebens war. Dennoch gilt auch für ihn: Seine Heimat und sein Lebensraum war die Familie.

Eines Tages – bald nachdem wir uns näher kennengelernt hatten – nahm mich Bonhoeffer mit zum Abendessen. Es war ein großes Haus, zweistöckig, mit ausgebautem Dachgeschoß, dunklen Gängen und einem breiten Treppenbereich. Die ganze Familie war im Eßzimmer versammelt, schwere Eichenmöbel, Teppiche, viele Ölbilder, ein großer Raum mit langem Eßtisch. Alle waren sehr freundlich, aber der etwas kalte Blick des Vaters und das aufmunternde Wesen der Mutter konnten meine Befangenheit nicht ganz beseitigen. Die Angst, etwas falsch zu machen oder aufzufallen, bedrückte mich. Ich kannte einige Professorenhaushalte; mit dem Alttestamentler Ernst Sellin war mein Vater befreundet, und wir sind dort oft gewesen. Doch bei Bonhoeffer war es anders. Der erste Eindruck: eine Atmosphäre aus der Vorkriegszeit. Das Essen ging vorbei, und wir beide zogen uns zurück in Dietrichs Zimmer. Ein etwas spartanisch wirkender Raum, bequeme Sitzgelegenheiten, Couchtisch und Couch, offenbar seine Schlafgelegenheit, und ein Schreibtisch. Bücher an den Wänden, also ein Zimmer für die geistige Arbeit. Dort war Freiheit. Wir sprachen über alles, was mit den Studenten und den Vorlesungen zusammenhing, auch etwas über unsere Elternhäuser und über Berliner Pfarrer.

Da ich mit Bonhoeffer nun ständig zusammentraf, kam es zu den verschiedensten Gesprächen, teils auf die akuten Aufgaben bezogen, teils auch spezielle Fragen betreffend. Daneben sind mir auch einige „Randbemerkungen“ in Erinnerung geblieben, also kurze knappe Hinweise auf seine Denkart oder Betrachtungsweise.

Typisch für meine damalige Einstellung – ich war stark national-konservativ geprägt – ist meine Frage an ihn: Wie kann ein Christ Pazifist sein? Er war etwas erschrocken über die in meiner Frage enthaltene Position, vermied aber – wie er es oft tat – eine direkte Reaktion. Er meinte nur etwas lakonisch, darüber könne er jetzt nicht sprechen, aber ich würde das eines Tages schon verstehen. Auch das Buch des Nazidichters Hanns Johst, das ich ihm empfohlen hatte, fand er scheußlich; dennoch schwieg er darüber, bis er mir im Frühjahr 1943 erklärte, warum er seitdem meinen Buchempfehlungen nicht recht getraut hatte. Offenbar hat ihn das alles an mir aber nicht besonders gestört. Als ich ihm erzählte, daß ich etwas über „Arbeit“ und ihre Auswirkungen auf den Menschen geschrieben hätte, hörte er genau zu und meinte, ich solle das doch einmal vortragen. Doch das wehrte ich erschreckt ab. Er ermunterte mich noch einmal, ließ dann aber das Thema fallen.

Gleich am Anfang hat er mir erläutert, daß er mit 39 Jahren sterben wolle. Er hat das öfter gesagt, manchmal nur so hingeworfen, manchmal auch als eine feste Überzeugung. Ich fragte ihn, warum er das wolle. Es war schwierig, genaue Hinweise zu bekommen. Doch es wurde klar, daß er auf der Höhe des Lebens – wie Jesus – sterben wolle, daß er nicht kraftlos und hinfällig werden, daß er nicht seine eigene Stärke durch Altwerden einbüßen wollte. Er mochte nicht darüber sprechen, aber es war bei ihm eine so feste Vorstellung, daß ich seitdem eigentlich ziemlich sicher war, daß er dieses „Ziel“ auch erreichen würde. Ich wollte von ihm wissen, wie er sich dieses Ende vorstellte. Aber dieser Frage wich er aus. „Das wird sich dann schon erweisen“, meinte er; heute könne er darüber nichts sagen; es sei ja kein Plan, sondern ein Wunsch oder eine Hoffnung, und die Realisierung wäre nicht seine Aufgabe. Tatsächlich ist er mit 39 Jahren im Konzentrationslager Flossenbürg erhängt worden.

Aus seiner Vikarszeit in Barcelona hatte er die Begeisterung für den Stierkampf mitgebracht. Seine Erklärung dafür: „Da sieht man, wie Klugheit und Geist über Kraft und Gewalt siegen." Er kannte sich in den Ritualen des Stierkampfes genau aus. Mir war dieser Aspekt damals kaum zugänglich. Ich habe dann später in Spanien einen Stierkampf miterlebt und mir auch erklären lassen, welche Bedeutung dieses Ereignis hat. Mut lernt der Mensch nicht am Schwächeren, sondern am Stärkeren. Mut heißt: Disziplin und Konzentration und Einhalten der Spielregeln und Verzicht auf alles, was dieser Aufgabe im Wege steht. Die Bewährung gegenüber dem Stier ist die Hauptsache. Bonhoeffer war der Meinung, daß im Stierkampf die wilden Leidenschaften des Volkes abgetötet werden; insofern sei der Stierkampf ein notwendiges Pendant zur sonntäglichen Messe.

Aus Spanien hatte er auch eine große Bewunderung für den Dichter Miguel de Cervantes (1547–1616) und den Maler El Greco (1541–1614) mitgebracht. Er war gefesselt von der Gestalt des Don Quijote, also dem Mann, der seine Verpflichtung, Gewalttätigkeit zu verhindern und Bedrängten Beistand zu leisten, so ernst genommen hat, daß das bis zum Irrwitz führen konnte. Bonhoeffer hat in ihm etwas wiedergefunden, was seinem „Menschenbild" nahekam. Er hat den Roman in der Urfassung gelesen und erklärte dazu: Wir müssen dem Schicksal entschlossen entgegentreten, aber uns ihm zu gegebener Zeit auch unterwerfen. Das Problem: Don Quijote glaubt an die Wahrheit, die außerhalb des einzelnen liegt, die Dienst und Opfer fordert. Doch ein Mensch, der sich – wie Don Quijote – für Gerechtigkeit – also für eine Utopie – einsetzt, muß scheitern, wenn er dabei an Gottes Stelle tritt. Dennoch: einer Vision nachzueifern muß ein Teil des Lebens bleiben.

Bonhoeffer hat damals oft auf die Romane des französischen katholischen Schriftstellers Georges Bernanos hingewiesen. 1926 war der Roman „Die Sonne Satans" veröffentlicht worden. Darin wird ein Pfarrerbild gezeichnet, das von Scheitern und Ohnmacht geprägt ist. Dieser Priester hält sich für völlig unwert, zu nichts brauchbar. Doch gerade darin sah Bonhoeffer die besondere Berufung dieses Mannes, weil er gar nichts für sich selbst wollte und ganz in seiner Mission aufging. In diesem Roman wird aber auch die List und Verführungsmacht Satans beschrieben, dem sich der Priester entgegenstellt und an der er – seiner Meinung nach – scheitert. Offenbar hat Bonhoeffer in diesem Leben und Wirken etwas gefunden, was seiner Interpretation von Jesus entsprach. Bernanos schreibt: „Der Mann am Kreuz ist nicht dazu da, um zu siegen, sondern um bis zum Tod Zeugnis abzulegen wider List, Unrecht und Gemeinheit." Daneben dann die routinierten Priester, anerkannt und erfolgreich. „Bei ihnen wird Klugheit leicht zur äußersten Unklugheit, die uns ganz allmählich darauf vorbereitet, ohne Gott fertig zu werden" – ein Aspekt, der dann später in den Gefängnisbriefen wieder aufgegriffen wird. Bonhoeffer hatte große Hochachtung vor den Schwachen und Scheiternden, den Versagenden und Hilflosen. Sie waren seiner Meinung nach der Gegenwart Gottes näher als die Starken und Erfolgreichen (zu denen sich Bonhoeffer wahrscheinlich auch rechnete, was ihm immer wieder zur Anfechtung wurde). Gott liebt das Schwache – das war seine Interpretation der Beziehung zwischen Gott und Mensch.

Bonhoeffer erkannte schon früh die Bedeutung des orthodoxen Denkens. Die zwei Bände „Österliches Christentum" von Nicolai Bubnoff empfahl er mir als Einführung in diese Gedankenwelt. Die Starzen – die russisch-orthodoxen Einsiedler-Mönche mit ihren besonderen geistlichen Fähigkeiten – haben ihn als „Heilige und Weise" fasziniert. Darüber hinaus fand er in den Gestalten Dostojewskis viel Christliches: die Beziehung zwischen der Dirne Sonja und dem Mörder Raskolnikoff, dargestellt im Roman „Schuld und Sühne". Oder im „Idiot" die Gestalt des Grafen Myschkin – als Christus beschrieben wie einer, der belächelt und geliebt wird, ein Narr und ein Weiser, der alles verträgt und alles vergibt. Und in den „Brüdern Karamasoff" die Legende vom Großinquisitor, dem Verteidiger der Kirche, der Christus verurteilen muß, weil dieser Unruhe und Unsicherheit in die Gesellschaft bringt. Er muß Christus töten, um die Kirche zu retten. Bonhoeffer interessierte sich speziell für Personen, in denen das Besondere oder auch das Außergewöhnliche erkennbar wurde.

Fast im Gegensatz dazu eine andere Begebenheit, die er als etwas Wahres berichtete (was allerdings sonst meines Wissens nicht überliefert ist). Als der Schriftsteller Hoffmann von Fallersleben (1798–1874) gestorben war, wurde ein kongenialer Redner gesucht, der den bedeutenden Mann gebührend zu würdigen verstand. Ein Pfarrer wurde gefunden, und dieser wurde seiner Aufgabe voll gerecht; er stellte die Größe und Lebensleistung dieses Mannes hervorragend dar. Doch er schloß seine Rede – und das fand Bonhoeffer beachtlich – mit den Worten: „Und er war doch ein Narr, denn er glaubte nicht an Christus."

Bonhoeffer hat gern Exegeten und Systematiker des vorigen Jahrhunderts benutzt. Auf seinen Rat hin besorgte ich mir viele der exegetischen Auslegungen von Franz Delitzsch, ebenso die Perikopen-Auslegungen von A. Nebe, die besonders dadurch hilfreich waren, daß sie viele Hinweise und Zitate von Personen aus der ganzen Kirchengeschichte zu den jeweiligen Texten aufführten. Auch die Werke von Ernst Wilhelm Hengstenberg – einem Alttestamentler und konservativen Kirchenpolitiker – schätzte er sehr. Das „Collegium Biblicum" von August F. C. Vilmar – Kurzbemerkungen zu allen Texten der Bibel – hat er ständig zu Rate gezogen. Mir empfahl er den „Hutterus Redivivus" – eine Kurzfassung des komplizierten Aufbaus der orthodoxen lutherischen Dogmatik; einer seiner Vorfahren hatte sie zusammengestellt.

Wenn ich die Gespräche richtig in Erinnerung habe, dann schätzte er an diesen Werken des vorigen Jahrhunderts die klare Herausarbeitung des Evangeliums und die präzise exegetische Aufarbeitung. Bonhoeffer war im Umgang mit diesen Büchern einer, der lernen wollte. Die Gegenwart mit all ihren theologisch-kritischen und historisierenden Angeboten genügte ihm offenbar nicht.

Bonhoeffer konnte auch anstößige Ansichten vertreten: „Die wenigsten Menschen haben eine eigene Lebensgeschichte; ihr Leben läuft einfach nur so ab. Ein Leben mit echten Entscheidungen, mit Tragik und Schicksalsproblemen ist selten. Die meisten Menschen sind dazu gar nicht fähig." Solche Sätze sind wie Blitzableiter; man darf sie nicht „sezieren".

Er war ja auch der Meinung, daß der Mensch sein Leben nicht selbst gestalten solle. Man läßt sich führen und wartet darauf, daß sich eine Tür auftut; aber man setzt nicht seine ganze Kraft daran, um dieses oder jenes Berufsziel unbedingt zu erreichen. Wenn Gott der Herr unseres Lebens ist, dann muß man ihm auch Raum lassen, dieses Leben mitzugestalten. Das mag heute ziemlich veraltet und unwirklich klingen, aber im Leben von Bonhoeffer wird deutlich, daß er selbst sich recht passiv gegenüber seiner eigenen Lebensgestaltung verhalten hat. Es wird viel Abwarten, Prüfen und Testen darin deutlich, auch viel Bereitschaft für neue Wege und unerwartete Aufgaben. Denn: Wer mit Gewalt etwas Bestimmtes erreichen will, der zerstört leicht sich selbst. Und dann zitierte er gern den Vers von Matthias Claudius (auch einer seiner Lieblinge): „Ich danke Gott mit Saitenspiel, daß ich kein König worden; ich wär geschmeichelt worden viel und wär vielleicht verdorben."

Bonhoeffer – der Mann, der alles hatte und alles konnte (so wirkte er jedenfalls auf uns Studenten) – war sehr großzügig mit dem, was er hatte. Als wir über ein bestimmtes Buch sprachen, wollte er es mir gleich überlassen, er wollte es mir schenken. Ich wehrte erschrocken ab. Darauf seine tadelnde Antwort: „Was haben Sie eigentlich für einen Eigentumsbegriff? Eigentum ist doch nicht Privatbesitz."

Als Habender war es für ihn auch selbstverständlich, die Kosten zu übernehmen, wenn wir zusammen in einem Lokal saßen oder einen Ausflug machten oder auch wenn einer von uns in persönlichen Schwierigkeiten war. Er erläuterte das einmal so: Ich möchte immer so viel Geld haben, daß ich nicht darüber nachdenken muß; wer über Geld nachdenkt, nimmt auch den Charakter des Geldes an.

In dieser Zeit habe ich eine überraschende Erfahrung gemacht. Wir saßen in einem geschlossenen Auto – irgendeiner stellte immer mal sein Auto zu Fahrten zur Verfügung – und fuhren die Cäcilienallee in Dahlem entlang (heutige Pacelliallee). Dort kamen wir an einem Beerdigungswagen mit Sarg vorbei. Bonhoeffer grüßte, indem er seinen Hut abnahm. Wir waren sehr erstaunt und blickten ihn etwas verwirrt an. Seine Antwort: „Einen Toten muß man ehren."

Doch die Lebenden auch; dafür ein Beispiel. Nach Berlin war der ungarische Student Franz Lehel gekommen. Er war mit Bonhoeffer in Kontakt gebracht worden und wurde öfter ins Elternhaus in der Wangenheimstraße eingeladen. Nach einiger Zeit protestierte er gegen die vielen Einladungen. Bonhoeffers lächelnde Entgegnung: „Wenn das Brot nicht mein ist, sondern unser und wenn wir dieses Brot gemeinsam verzehren, dann bleiben immer noch zwölf Körbe voll übrig" (vergleiche Matthäus 14, 20). Damit war der Fall erledigt. Da Lehel Berlin und seine Umgebung kaum kannte, stellte Bonhoeffer ihm einen Plan zusammen, wie er am besten die Umgebung von Berlin kennenlernen könne; dafür lieh er ihm dann auch sein neues, ballongummibereiftes Fahrrad.

Im Rückblick ist mir ein Aspekt von Bonhoeffers Denken besonders in Erinnerung geblieben, und ich möchte ihn nochmals betonen: Man muß Tatsachen als Tatsachen akzeptieren. Das heißt: Man muß sich erst einmal fügen und das Daseiende als gewollt annehmen. Damit sollte nicht festgestellt werden, daß dieses Daseiende gut ist, sondern daß es als Realität hingenommen werden muß – allerdings mit der Frage, was mir Gott mit dieser Realität nun sagen will. Denn jeden Tag – so Bonhoeffer – sollen wir neu aus Gottes Hand hinnehmen. Erst wenn dies wirklich vollzogen ist, dann darf überlegt werden, wozu mich die Realität ruft: zum Sich-Beugen oder zum Widerstehen. Vorher jedoch muß der Mensch erst einmal die Last tragen, die eine neue Realität ihm auferlegt. Dieser Aspekt ist schwer zu vermitteln, weil alle gelernt haben, gleich zu prüfen, zu wählen, zu akzeptieren oder abzulehnen – gleichsam als Unbeteiligte. Bonhoeffer dagegen: „Nur der Beteiligte, der die Last selbst erfahren hat, wird auch die richtige Antwort darauf finden, wie er mit dieser Last umzugehen hat." Dazu ein Beispiel aus viel späterer Zeit: Am 2. Juli 1940 fand in Nowawes bei Potsdam eine Sitzung des Altpreußischen Bruderrates statt; dort sollte über die innere Situation in Deutschland nach der französischen Kapitulation gesprochen werden. Bonhoeffer vertrat – zum Entsetzen aller – die Ansicht, daß der Sieg Hitlers eine Tatsache sei, mit der man zu rechnen habe. Damit wollte er vor illusionären Hoffnungen warnen. Doch die Anwesenden verstanden das nicht und meinten, Bonhoeffer sei nun auch in das Lager der Anhänger Hitlers übergewechselt. Bonhoeffer konnte dieses Mißverständnis nicht aufklären, weil er sich bereits im Widerstand engagiert hatte.

Dietrich Bonhoeffer war immer ein gut angezogener Mann. Oft trug er eine Kombination aus Hose und Jacke. In der Stadt gehörten dazu ein korrektes Hemd und eine Krawatte. Offenbar beobachtete er auch seine Mitmenschen hinsichtlich ihrer Kleidung. Als ich einmal mit einem einfarbigen Schlips erschien, kam prompt seine Reaktion: „Aha, uni, elegant." Nur bei Spiel und Sport habe ich ihn im offenen Hemd salopp erlebt. Er liebte nicht nur Musik und Theater, sondern gutes Essen, guten Wein, gepflegte Unterhaltung, anregende Reisen. Er war in den von ihm selbst gesetzten Grenzen ein Genießer, der diese Haltung bis zur Perfektion entwickeln konnte. Er war aber auch bereit, auf alle Bequemlichkeiten und Vergnügungen zu verzichten, wenn es die – von ihm akzeptierte – Situation verlangte. Zwei verschiedene Reaktionen haben Finkenwalder Seminaristen bei ihm erlebt, als er sie in ihren Dörfern nach der Seminarzeit besuchte. Wolfgang Schrader – unverheiratet – amtierte in der Uckermark und stand unter erheblichem Druck der Polizei. Bonhoeffer besuchte ihn zusammen mit zwei Kandidaten, um ihn zu stärken. Schrader holte aus seinem Garten frischen Spargel, ließ ihn im Gasthaus zubereiten und mit Butter und frischem Schinken servieren. Bonhoeffer genoß den zarten Spargel intensiv, doch auf die dazugehörenden Kartoffeln verzichtete er; sie hätten seinen Genuß geschmälert. Auch Joachim Kanitz wurde von ihm mit zehn Seminaristen unerwartet überfallen. Das rief eine ziemliche Verwirrung hervor, weil Kanitz nur zwei Dachzimmer bewohnte und nur einen kleinen Herd zum Kochen auf dem Dachboden hatte. Platz zum Schlafen gab es allein auf dem Fußboden. Bonhoeffer war mit dieser Unterbringung völlig zufrieden, da war er anspruchslos.

Als Student hatte Bonhoeffer bei seinen Fußwanderungen in den Ferien oder Semesterpausen oft in Jugendherbergen übernachtet und sich mit vielen Unbequemlichkeiten abfinden müssen. Doch verzichtete er ungern auf seinen gehobenen Lebensstandard. Bei einer Zusammenkunft mit seinen Studenten außerhalb Berlins stellte er bei der Abreise auf dem Weg zum Bahnhof fest, daß er seinen Rasierpinsel in der Unterkunft vergessen hatte. Es war aber keine Zeit mehr umzukehren. Resignierend stellte er fest: „Und es war doch ein echter Dachshaarpinsel." Er benutzte, wenn möglich, immer das Beste.

Als Bonhoeffer im September 1941 während seiner zweiten Schweizer Reise im Dienste der Abwehr nach Genf kam, traf er dort Adolf Freudenberg, ehemaliger Legationsrat im Auswärtigen Amt, als „Nichtarier" entlassen; danach hatte er bei der Bekennenden Kirche Theologie studiert, war in der Flüchtlingsarbeit der Ökumene in London tätig gewesen und wurde anschließend in Genf in der Zentrale eingesetzt. Frau Freudenberg hatte, als sie Bonhoeffer traf, den Eindruck, daß er unter seiner schäbigen Kleidung sehr litt. Er schien dadurch in seinem Wertgefühl belastet zu sein. Da sie für die Versorgung von Flüchtlingen zuständig war, nahm sie ihn in die verschiedenen Geschäfte mit und stattete ihn mit Hemden und Unterwäsche aus. Bonhoeffer war glücklich und bedauerte nur, daß er diese neuen Schätze nicht den Menschen auf der Straße zeigen konnte. Abends gingen die Freudenbergs mit ihm in ein etwas schmuddeliges Gartenlokal am Wasser. Dort allerdings fühlte er sich von bettelnden Tieren, einer unfreundlichen Kellnerin, einer alten Ente und einem halbnackten Truthahn so stark belästigt, daß alle bald wieder aufbrechen mußten.

Am Ende des Sommersemesters 1932 wollte Bonhoeffer zusammen mit seinen Studenten – das gehörte zu seinem Umgangsstil – etwas unternehmen. Diesmal sollte es ein Wochenende in der Jugendherberge Prebelow bei Rheinsberg – etwa 70 Kilometer von Berlin entfernt – sein. Die meisten fuhren mit dem Zug. Ich versuchte es allein mit dem Rad. Die Bewältigung der langen Strecke fiel mir reichlich schwer. Die Tage füllte Bonhoeffer mit Andacht, Exerzitien, Singübungen und Sport, neben Spaziergängen. Uns Jüngeren war es etwas peinlich, daß Bonhoeffer uns wie ein trainierter Athlet beim Handballspiel einfach davonlief. Andererseits fügte er sich ganz selbstverständlich in die Anordnungen von Reinhard Rütenik, der für den Sport verantwortlich war. Damals hat Albrecht Schönherr – Senior von Professor Arthur Titius – zum ersten Mal an einer Bonhoeffer-Unternehmung teilgenommen; von den vielen Pflichtaufgaben war er allerdings nicht gerade begeistert. Schließlich waren uns die Bonhoefferschen Formen der Freizeitgestaltung noch fremd. Auch hatte er uns keine Erläuterungen oder Einführungen in die verschiedenen Praktiken gegeben. Es mußte eben gemacht werden. Bonhoeffer setzte auf Selbsterfahrung, nicht auf Überredung. Das ist auch später so geblieben, daß er die Seminaristen in Finkenwalde oder die Studenten bei Freizeiten einfach in eine bestimmte Tagesordnung hineinpreßte.

Gegen Ende des Semesters hatte mich Bonhoeffer um Rat gefragt: Er wollte gern einige Studenten näher kennenlernen; schließlich seien Vorlesungen und Seminare doch eine etwas zu sachliche Atmosphäre für eine persönliche Begegnung; er wollte die Studenten nicht in sein Elternhaus einladen, das könne etwas angeberisch wirken bei dem Beruf seines Vaters. Ich dachte nicht allzuviel nach, sondern bot spontan mein Zimmer an. Bonhoeffer war einverstanden, obwohl das für ihn eine erhebliche Fahrzeit von fast einer Stunde bedeutete. Wir wohnten zehn Minuten vom Alexanderplatz entfernt in einem Pfarrhaus mit zwei Etagen und demgemäß auch mit zwei Pfarrwohnungen. Mein Vater war Superintendent von Berlin Stadt I mit 530.000 Evangelischen in 17 Gemeinden mit 70 Pfarrern.

Im Dachgeschoß des Hauses lag ein kleines längliches Mansardenzimmer, nur mit Bett, Waschtisch, Bücherbord, einem kleinen Tisch nebst einigen Sitzgelegenheiten ausgestattet. Für Bonhoeffer muß dieses Angebot ziemlich unbequem gewesen sein, doch er hat nie etwas darüber gesagt. So trafen wir uns dann am Donnerstagabend etwa um halb acht Uhr und zwängten uns in der Enge zusammen; es waren ungefähr acht bis zehn Studenten, die viel redeten und rauchten, so daß es nach zweieinhalb Stunden im Zimmer so aussah wie heute in einer Dampfsauna. Dieser ganze Vorgang ist eigentlich nur zu verstehen, wenn man bedenkt, daß Bonhoeffer für uns nicht zur Gruppe der arrivierten Professoren gehörte, sondern eben „einer von uns" war. Bonhoeffer hatte, wie er es immer tat, eine Art theologischen Themenfahrplan für diese Treffen aufgestellt. Und es geschah – wie es bei derartigen Planungen ständig passierte –, daß wir eifrig diskutierten, aber letztlich zu keinem konkreten Ergebnis kamen. Das war wohl auch nicht Bonhoeffers Ziel, sondern zu lernen, richtig mit dem Stoff umzugehen, richtige von falschen (also verführenden) Fragen zu unterscheiden und billige von tragenden Antworten zu trennen, also Fehlschlüsse zu erkennen. Diese Gespräche haben uns einen besseren Umgang mit „Theologie" gelehrt als Vorlesungen oder Seminare. Hier waren wir alle Partner, die gemeinsam nach Antworten, Lösungen, Perspektiven suchten. Es gibt – das war Bonhoeffers Meinung – Fragen und Überlegungen, die „verboten" sind, weil sie den Menschen von Gott weg führen und ihn selbst vielleicht in den Abgrund fallen lassen. Die Tatsache „Gott" steht eben nicht zur Debatte. Und die Frage „Sollte Gott gesagt haben?" (wie die Schlange zu Eva sagte: „Sollte Gott gesagt haben, ihr sollt nicht von den Bäumen im Garten Eden essen?" 1. Mose 3,1) – diese Frage ist der Anfang des Zweifelns an Gott und seiner Offenbarung. Sobald Kritik an Gott einsetzt, begibt sich der Mensch in die Abhängigkeit von dem Widersacher. Diese Denkweise mag den Intellektuellen unserer Tage naiv und einfältig erscheinen, aber für Bonhoeffer – den Vielwissenden und Vielkönnenden – war genau diese Grenze die Sicherung gegen den Mißbrauch der eigenen Qualitäten. Wir haben jeden Abend ein Thema gehabt, aber nie eine präzise Lösung erreicht. Doch gerade im unterschiedlichen Umgang mit einer Sachfrage und im Konfrontiert-Werden mit Bonhoeffers Gegenfragen und Gegenargumenten auf unsere vermeintlich endgültigen Antworten haben wir erfahren, daß Theologisieren mehr ist als Erarbeitung eines Systems oder das

Erkennen dogmatischer Fakten. Dieser Bonhoeffer der Diskussion war faszinierend, weil er mit uns, für uns, auch gegen uns auf dem gemeinsamen Wege war, Gott zu erfassen und zu erfahren. Ich weiß nicht mehr viel von der Sache, aber ich erinnere mich intensiv an die Methode dieser Treffen. Sie endeten mit einer Fußwanderung von zehn Minuten zum Alexanderplatz. Wir besuchten dort ein Speiselokal im Stil von Schultheiss-Patzenhofer. Schließlich hatten wir den ganzen Abend über „trocken" diskutiert. Das gesellige Ende verlief locker, manchmal humorvoll, nach einiger Zeit auch mit ernsthaften Gesprächen, als sich Ende Januar 1933 die politische Lage total geändert hatte. Wir spürten ziemlich früh, daß diese Wendung uns alle bald schon in neue Aufgaben und Verantwortung führen würde. Vor allem hat uns die Frage bewegt: Was bedeutet das für uns? Können wir weiterhin so unbeschwert theologisieren, als ob nichts geschehen wäre? In gewisser Weise ist aus diesen improvisierten Treffen bei uns allen eine neue Erkenntnis gewachsen: Wir sind jetzt dazu aufgerufen, unseren Glauben (oder unsere Erkenntnisse) in Haltung und Tat umzusetzen.

Natürlich hatte sich Bonhoeffer gleich zu Anfang meinem Vater vorgestellt. Dabei wurde eine Begabung deutlich, die ich bisher an ihm nicht kennengelernt hatte: Er konnte Menschen aus einem anderen Lebenskreis und von einer anderen theologischen Herkunft so akzeptieren, wie sie waren, und doch mit ihnen ernsthaft und sachlich sprechen. Mit einem Wort: Er ehrte sie. Mein Vater war von ihm sehr beeindruckt. Er bat ihn und Franz Hildebrandt, je für die Hälfte der Pfarrer seines Kirchenkreises einen Vortrag zu halten, in unserer Wohnung. Die älteren Pfarrer waren angesichts dieser „jungen Männer" etwas ratlos; sie als erfahrene Praktiker aus den kleinbürgerlichen Bereichen Berlins mußten sich nun auf eine ungewohnte theologische Sprache und auf neuartige Gedankenführungen einlassen. Ob sie alle gern in unsere Wohnung gekommen sind, weiß ich nicht; ich denke, es haben sich jeweils zwischen zwanzig und dreißig Pfarrer beteiligt. Die Diskussion verlief sehr vorsichtig, weil es diese Gemeindepfarrer zumeist mit ganz anderen Problemen zu tun hatten. Schließlich erhob sich ein weißhaariger Mann und sagte, er müsse Bonhoeffers Ausführungen in seine Denkwelt übersetzen, und das sähe dann so aus. Er benutzte nun eine gut lutherische Terminologie und „verdünnte" Bonhoeffers Aussagen über Kirche und Gemeinde zu einem traditionellen

Anschauungsbild. Bonhoeffer protestierte jedoch nicht, sondern erklärte frei heraus, daß man das auch so darstellen könne. Er hatte eine große Achtung vor diesen vielleicht etwas einfältigen, gar nicht ehrgeizigen und ganz ihrer Gemeinde verpflichteten Pfarrern. Dazu gehörte Hans Schwebel (geboren 1874) von der Nikolaikirche im Zentrum Berlins. Er hatte seit Beginn seiner pastoralen Tätigkeit hier gelebt. Er war persönlich fest verbunden mit den einfachen Gemeindegliedern, die er alle seit langem kannte. Ein etwas derber Humor zeichnete ihn aus, wohl auch eine typisch kleinbürgerliche Sprache im Umgang mit diesen Menschen. Er wohnte fast am Fuß der Kirche in einem alten Haus, stellte wenig Ansprüche ans Leben und war zufrieden in diesem Amt. Bonhoeffer ging oft in seinen Gottesdienst. Er sagte, wenn man dort aus der Kirche kommt, dann sieht die Welt anders aus als vorher. Die geistliche Kraft dieses Pfarrers war beeindruckend. Ich habe einmal erlebt, wie er eine Predigt begann und berichtete, was er habe sagen wollen; und dann erläuterte er: „Aber mir wurde gewehrt, diesen Text zu predigen, und ich wurde an einen anderen Text gewiesen." Diesen las er dann vor und predigte darüber.

Eines Abends bat mein Vater nach Ende unseres Treffens alle in sein Arbeitszimmer, wo Getränke serviert wurden. Zuerst ein langes Gespräch, an dem besonders Bonhoeffer beteiligt war; mein Vater wollte vor allem ihn genauer kennenlernen. Dann war es soweit, daß die Platte mit belegten Broten hereingebracht wurde. Die Gespräche brachen sofort ab, und alle stürzten sich begierig auf das Angebotene. Innerhalb kürzester Frist war alles abgeräumt. Da bat Bonhoeffer um eine Bibel, blätterte darin und begann zu lesen (aus Jesus Sirach 31,12–19): „Wenn du an eines reichen Mannes Tische sitzest, so sperre deinen Rachen nicht auf und denke nicht: hier ist viel zu fressen; sondern gedenke, daß ein neidisches Auge ein arges Ding ist. Denn was ist neidischer als das Auge? Darum weint es, wo es sieht einen zugreifen. Greif nicht nach dem, wohin der andere sieht, und nimm nicht, was vor ihm in der Schüssel liegt. Nimm's bei dir selbst ab, was dein Nächster gern oder ungern hat, und halte dich vernünftig in allen Stücken. Iß wie ein Mensch, was dir vorgesetzt ist, und friß nicht zu sehr, auf daß man dir nicht gram werde. Um der Zucht willen höre du am ersten auf und sei nicht ein unersättlicher Fraß, daß du nicht Ungunst erlangest. Wenn du bei vielen sitzest, so greife nicht am ersten zu. Ein sittiger Mensch läßt sich am Geringen genügen; darum braucht er in seinem Bette nicht so zu keuchen. Und wenn der Magen mäßig gehalten wird, so schläft man sanft, so kann einer des Morgens früh aufstehen und ist fein bei sich selbst. Aber ein unersättlicher Fraß schläft unruhig und hat das Grimmen und Bauchweh. Wenn du genötigt worden bist, viel zu essen, so stehe auf und gehe weg, so wirst du Ruhe haben." Allgemeines Lachen beendete diesen Abend, denn nun war nicht mehr allzuviel zu sagen.

Für die Seminarteilnehmer wurde eine Weihnachtsfeier vorbereitet. Es war vorgesehen, daß zwei Studentengruppen jeweils im Wechsel agieren sollten. Texte sollten gelesen und Lieder gesungen werden. Es war ein kleiner Kreis von zwanzig bis dreißig Personen. In einem engen Raum brannten die Kerzen, alles wirkte etwas trist. Es kam kaum Stimmung auf, bis Bonhoeffer seine Rede mit den Worten begann: „Kein Priester, kein Theologe stand an der Krippe von Bethlehem. Und doch hat alle christliche Theologie ihren Ursprung in dem Wunder aller Wunder, daß Gott Mensch wurde." Dieser Hinweis rückte das Weihnachtsgeschehen in eine ganz neue Perspektive, löste es von der traditionellen Heilig-Abend-Stimmung und erinnerte uns angehende Theologen daran, daß wir als Theologen in keiner Weise die Verwalter von Weihnachten seien. Wir wurden ins Abseits gestellt. Das habe ich bei Bonhoeffer oft erlebt, daß er ziemlich unsicher war angesichts der Frage, ob die Theologen – die alles über Gott wissen und oft meinen, sie könnten den Weg zu ihm vermitteln – selbst in den Himmel kommen würden. Er konnte sagen: Alle kommen in den Himmel, außer den Theologen; die schließen sich selbst (durch ihre theologische Arroganz) aus.

Für das Wintersemester 1932/1933 hatte Bonhoeffer die Vorlesung „Schöpfung und Fall" – also die Interpretation von 1. Mose 1–3 – angekündigt. Nun waren es im Hörsaal schon etwas mehr Studenten geworden. Die Auslegung war spannend. Es wurden viele neue Beobachtungen und Erkenntnisse mitgeteilt. Von den üblichen Exegesen unterschied sich dieses Angebot dadurch, daß es nicht textkritisch vorging und Vers für Vers analysierte, auch den Text nicht hinsichtlich seiner Quellen aufgliederte, sondern daß Bonhoeffer ihn als Einheit nahm und ihn laufend auslegte, Satz für Satz. Er vertrat die Ansicht, daß die Bibel sich selbst interpretiert, man muß nur hinhören und die Aussage annehmen. Heutige Leser des gedruckten Textes monieren, daß in „Schöpfung und Fall" eine patriarchalische, etwas frauenfeindliche Auffassung vertreten worden sei. Die Frau erscheine nicht als gleichberechtigt, sondern wirke so, wie Bonhoeffer sie behandelte, fast wie eine Nebenfigur. Das stimmt nicht, denn mit der Rolle der Frau als „Beistand des Mannes" wollte er gerade die gleichberechtigte Stellung der beiden Partner beschreiben. So haben wir es damals jedenfalls verstanden. Spannend wurde es bei der Auslegung der Versuchungsgeschichte, als die Schlange an Eva die Frage stellt: „Sollte Gott gesagt haben, daß ihr nicht essen sollt von allerlei Bäumen im Garten?" Dieser Vorfall spielt sich im Paradies ab. Die Schlange gibt dem Menschen da einen neuen, unbekannten Aspekt: Der Mensch kann falsch gehört haben; der Mensch kann an Gottes Wort zweifeln. Das Böse erscheint in der Form der Frömmigkeit. Ein besserer Gott wird mit der Frage angeboten. Doch in dieser frommen Frage ist bereits die falsche Antwort enthalten. Der Mensch verläßt nämlich nun die Position des Geschöpfes und macht sich zum Richter über Gott. Diese Frage trennt ihn von Gott. Nur als fromme Schlange kann sie Macht über den Menschen ausüben. Diese fromme Frage „Sollte Gott wirklich gesagt haben ...?" ist der Beginn vom Ungehorsam. Gott hat dem Menschen von Anfang an eine Grenze gesetzt. Diese Grenze wird dem Menschen aber erst durch die Frage bewußt und damit gleichzeitig auch als Hindernis hingestellt. Darum ist es letztlich eine verbotene Frage, weil nun Gott der eigenen Kritik unterstellt wird.

Bonhoeffer wurde vom Chr. Kaiser-Verlag gefragt, ob er diesen Vorlesungstext drucken lassen wolle. Er war sehr unsicher, meinte: „Man wird mir Unwissenschaftlichkeit vorwerfen, aber vor der modernen historisch-kritischen und religionsgeschichtlichen Forschung hat es auch schon echte Auslegung gegeben." Der Text wurde dann gedruckt und hatte ziemlich viel Erfolg. Bonhoeffer sah seine Aufgabe im Kolleg vor allem darin, den Bibeltext – so wie er war – lebendig werden zu lassen, als ein Wort für heute. Wir – die Hörer – sollten uns dem Text beugen und ihn nicht mehr als „Spielmaterial für wissenschaftliche Experimente" benutzen.

Im Seminar stand die Frage zur Debatte: Gibt es eine christliche Ethik? Dabei spielte eine wesentliche Rolle der Aspekt, der jetzt die ganze Kirchenpolitik zu beeinflussen begann, die Frage nach den Schöpfungsordnungen (Staat, Volk, Familie), die damals einen

Eigenwert bekamen und als Gott-gegeben – also dem Sündenfall nicht zugehörig – angesehen wurden. Die Schriften von bekannten Theologieprofessoren wurden behandelt. Die Rolle des Gewissens und des Gesetzes wurde ausführlich dargelegt, zuletzt wurde deutlich, daß es nur eine „Ordnung der Erhaltung" (eine innerweltliche Klassifizierung) gibt, aber keine göttliche Qualität von Ordnung.

Im Oktober 1932 hatte ich im Evangelischen Presseverband – das war der Gesamtverband aller Landespresseverbände der Kirche mit dem Direktor Professor August Hinderer an der Spitze – ein Voluntariat absolviert. Mein spezielles Interesse galt seit meiner ersten Erfahrung mit Zeitungen und Zeitschriften der Publizistik. Es war ein großer Apparat mit zeitweise sechzig Personen. Ich kam zuerst in die Presseabteilung und mußte Nachrichten verfassen. Danach in die Rundfunkabteilung, die Dr. Kurt Böhme leitete. Er bereitete gerade eine Vortragsreihe für den Rundfunk mit kirchlich-politischen Themen vor. Wir sprachen über die Rednerliste – ich schlug ihm dafür Bonhoeffer vor, und er akzeptierte das. Welches Thema er behandeln sollte, war einer Besprechung mit dem zuständigen Abteilungsleiter im Rundfunk vorbehalten. Im Januar 1933 wußten wir, daß Bonhoeffer am 1. Februar nachmittags eine 15minütige Sendung hatte und das Thema „Wandlungen des Führerbegriffs in der jungen Generation" behandeln würde. Ich habe die Übertragung gehört. Seine Darlegungen lassen sich etwa so zusammenfassen: Wo Gemeinschaft ist, da gibt es auch Führung. Das war immer so. Aber früher waren Führer: der Fachmann, der Lehrer, der Vater – also Männer der vorgegebenen Ordnung. Jetzt ist das anders. Der Führer ist zu einer selbständigen Größe geworden. Die Gefahr liegt dabei darin, daß der Führer sich absolut versteht und so den Geführten total an sich bindet. Aus der Autorität des Amtes wird dadurch eine Autorität der Person. Nur der Führer, der selbst im Dienst der vorletzten und letzten Autorität steht, kann und darf Treue verlangen. Die Sendung wurde plötzlich an einer unpassenden Stelle abgebrochen. Die Sätze, die auf die Gefahr des Führertums hinwiesen, entfielen. Bonhoeffer war sehr erbost, weil durch die „abgeschnittenen" Schlußsätze der Duktus seiner Ausführungen erheblich verändert worden war. Er vermutete, daß das aus politischen Gründen geschehen sei. Offenbar hatte er vorher schon mit dem Redakteur Auseinandersetzungen wegen einiger Formulierungen gehabt. Am 30. Januar war Hitler Reichskanzler geworden, am 1. Februar wurde der Reichstag aufgelöst, und am 2. Februar erschien eine Notverordnung gegen Presseangriffe auf die neue Ordnung. Sicherlich hätte sich der neue politische Trend bis zum Sendetermin auch im Funkhaus durchsetzen können. Doch ich wußte, daß der Vortrag drei Minuten zu lang war; und ich wußte auch, daß ein Funkhaus nicht drei Minuten überziehen kann, ohne von einer anderen Sendung diese Zeit „geschenkt" zu bekommen. Es bleibt also unklar, ob es nur organisatorische oder auch politische Gründe für die „Kürzung" gab. Bonhoeffer hat nach diesem Ereignis sofort allen Kirchenstellen diese Panne mitgeteilt. Die konservative Kreuzzeitung hat später den Vortrag gedruckt, mit den weggelassenen Schlußpartien.

Bald darauf erlebte Bonhoeffer eine neue Enttäuschung. Er war gebeten worden, für die Osterausgabe einer bürgerlichen Zeitung (es war entweder „Der Tag" oder „Der Lokalanzeiger") eine Betrachtung zum Osterfest zu schreiben. Doch diese wurde als ungeeignet abgelehnt. Er erläuterte mir, er habe nur geschrieben, was man an solch einem Tage sagt. Er verstand die Absage absolut nicht. Er fühlte sich in seiner Ehre verletzt. Offenbar war sein Text zu theologisch und zu wenig feuilletonistisch. Er hatte ja tatsächlich keinen journalistischen Stil. Für die Tagespresse hat er nie wieder etwas geschrieben.

Das Semesterende nahte und damit auch der Semesterschlußgottesdienst in der Dreifaltigkeitskirche, ein barocker Bau, Mauer-Ecke Mohrenstraße. Hier wohnte der für die Universität zuständige Studentenpfarrer Ernst Bronisch-Holtze. Er hatte in Bonhoeffer einen guten Mitarbeiter, war aber nicht ganz glücklich mit dieser Konkurrenz. Am 26. Februar versammelte sich eine relativ kleine Schar von Besuchern in dem Rundbau mit seinen zwei Emporen. Bonhoeffer predigte über die Geschichte von Gideon (Richter 6–8). Der Inhalt dieses langen Textes kurz zusammengefaßt: Das Volk Israel muß seit sieben Jahren eine rigorose Besatzungsmacht erdulden. Alle bitten Gott ständig um Hilfe, aber die Lage ändert sich nicht. Da kommt ein Bote Gottes zu Gideon, dem jüngsten und schwächsten Sohn auf einem Bauernhof, und ermuntert ihn zum Widerstand gegen den Feind. Gideon fragt entsetzt: „Warum?" Die Antwort: „Gott wird mit dir sein." Gideon ruft ein Heer zusammen und wartet auf weitere Weisungen. Da sagt Gott: „Ihr seid zu viele, schicke die Hälfte deiner Männer wieder nach Hause." Er tut das. Gott mahnt erneut: „Ihr seid immer noch zu viele; ihr könntet denken, ihr hättet durch eigene Kraft den Feind besiegt." Schließlich bleiben drei Prozent des anfänglichen Heeres übrig – also eine völlig unbrauchbare Truppe. Bald darauf kommt der Befehl Gottes zum Angriff, und der Feind wird besiegt. Gideon weiß nun, daß dieser Sieg nicht der Kraft Israels, sondern dem Beistand Gottes zu verdanken ist.

Die Predigt über die Warnung Gottes „Ihr seid zu viele" hat uns gefesselt und erschreckt. Für uns sichtbar geworden war damals eine politische Kraft, von der man noch nicht wußte, was sie bedeuten würde. Wir empfanden schon die Bedrohung, die kommen würde. Und da hinein predigte Bonhoeffer: Es sind zu viele. Wir erwarteten damals Hilfe von anderen, die sich anschließen würden, damit eine gewisse Widerstandskraft gegen das Neue entstehen könnte. Wir waren beunruhigt über das, was Bonhoeffer uns in dieser Situation sagte. Nach dem Gottesdienst ging ich zusammen mit ihm über den Potsdamer Platz und fragte ihn: Wer kann so glauben, daß er auf alle Macht verzichtet und sich ganz der feindlichen Übermacht ausliefert? Seine Antwort: Wir können nicht so glauben, aber Christus glaubt für uns. – Diese Perspektive konnte ich akzeptieren, verstand damals aber wohl nicht, welche Rolle dieser Christus im Widerstand gegen eine übermächtige Staatsmacht noch spielen würde. Denn Bonhoeffer hat später immer wieder gesagt, er könne nur deshalb den Widerstand riskieren, weil er fest daran glaubt, daß Christus für ihn einstehen würde. Wir kamen aufs Beten, und ich sagte, daß ich damit Schwierigkeiten hätte; bei mir kommt wohl nie etwas Richtiges heraus. Da meinte er: „Mit unseren Gebeten ist das immer sehr unvollkommen; aber es kommt gar nicht so sehr auf unsere Gebete an, denn unser Beten lebt allein vom Beten Jesu Christi." Bonhoeffer wollte nun wissen, was wir von ihm dächten. Ich antwortete, daß er manchmal kalt und distanziert wirke, daß da ein Abstand sei, den wir spürten. Er schwieg und sagte dann nur kurz: „Warum könnt ihr einen Menschen nicht so lassen, wie er ist?" Er war betroffen, wußte, was wir meinten, und konnte oder wollte doch auf seine Distanz nicht verzichten.

Zum Abschied vom Wintersemester hatte Bonhoeffer die Seminarteilnehmer (also auch den privaten Donnerstagskreis) in sein Elternhaus nach Grunewald eingeladen. Die Eltern waren nicht anwesend. Es wurde etwas eng in Dietrichs Zimmer, doch für Getränke war gesorgt. Nachdem wir uns einige Zeit unterhalten hatten, erklärte Bonhoeffer, er wolle uns etwas vorspielen, Schallplatten, die er aus den USA mitgebracht hatte: Negro-Spirituals, also geistliche Lieder aus den Negerkirchen. Wir hatten davon noch nichts gehört. Wir wurden auch nicht in diese neue Musik eingeführt. Wir sollten einfach hinhören. Das fiel uns in zunehmendem Maße schwerer, denn das, was wir hörten (die Texte waren englisch und beim ersten Hören kaum verständlich), klang wie „Negermusik" – ein Wort, das damals den neuen, aus Amerika gekommenen Jazz bezeichnete. Bonhoeffer erläuterte später die Texte und erklärte uns, wie hier die Befreiung Israels und die Hoffnung auf Befreiung bei den Schwarzen aufeinander bezogen war. Die Neger richteten alle ihre Sehnsucht zusammen mit den Israeliten auf die Hilfe Gottes. Es war der Notschrei von Unterdrückten, oft in alttestamentlichen Bildern eingefangen. Wir spürten, daß in den Liedern viel Leidensbereitschaft und viel Gottvertrauen eingefangen war. Es gab eigentlich keine Diskussion, auch keinen Protest (das hätten wir Studenten in dieser Situation nicht gewagt), nur viele Fragen nach Sinn und Interpretation, denn die Texte klangen für uns doch sehr ketzerisch, weil hier nationale und „völkische" Interessen mit biblischen Hoffnungen und Verheißungen gekoppelt waren, und das war im Grunde genommen auch das Problem der „Deutschen Christen", die ähnlich verfahren waren. Doch Bonhoeffer wollte an diesem Abend nicht analysieren, sondern verständlich machen, wie die unterdrückten Schwarzen mit Hilfe von Vorbildern aus der Bibel ihr Leid zu bewältigen versuchten. Wir sprachen ziemlich lange über diesen Aspekt, ohne die „nationalistische Komponente" zu behandeln. Zuletzt – sozusagen als Vermächtnis – sagte Bonhoeffer: „Ich habe meinem Negerfreund Frank Fisher in New York versprochen, daß ich in Deutschland die Notlage der Schwarzen in den USA bekanntmachen werde."

Frank Fisher war Mitglied der Abyssinian Baptist Church in East Harlem. Von ihm war Bonhoeffer in diese besondere Form von Religiosität eingeführt worden. Bonhoeffer hatte ihn sonntags in die Gottesdienste begleitet und hat auch in Gruppen mitgearbeitet. Dort hatte er charismatische Gottesdienste mit viel ekstatischen Äußerungen und Zwischenrufen erlebt. Er war fasziniert von der emotionalen Beteiligung aller Gemeindeglieder am Gottesdienst. Er – der kühle, beherrschte, rational bestimmte Mann – empfand diese Form des Feierns als befreiend. Als ich mit ihm darüber sprach, war er in seinen Äußerungen sehr vorsichtig. Er akzeptierte die Kraft und Hingabe, der er hier begegnet war, dieses völlige Losgelöstsein von der belastenden Gegenwart. Offenbar erlebte auch er hier eine Art Entrückung. Mir empfahl er den Film „Green Pastures" (nach Psalm 23,2: „Er weidet mich auf einer grünen Aue"). Es war die Aufzeichnung eines ekstatischen Gottesdienstes, ungekürzt mit allem „Außer-sich-Geraten" der Teilnehmer. Er wies mich besonders auf diesen Aspekt hin, denn er war auch jetzt noch davon fasziniert.

East Harlem, ein Slum mit unvorstellbarer Armut und Verkommenheit, aber auch mit einer großen menschlichen Sehnsucht und Bereitschaft zur Hingabe. Bonhoeffer hatte die Familien kennengelernt, war in ihren Wohnungen gewesen und hatte die Not dieser Menschen erlebt. Hier hatte er im Gegensatz zu den weißen Kirchen, wie er sagte, „echten Glauben" gefunden. Es schien, als habe er hier gesehen, wie lebendige Kirche sein könnte.

Bonhoeffer erzählte gelegentlich, wie seine Freundschaft mit Frank Fisher immer wieder auf eine harte Probe gestellt wurde: In der Straßenbahn durften sie nicht im gleichen Wagen fahren; im Lokal durften sie nicht am gleichen Tisch sitzen, sondern wurden in getrennte Abteilungen gewiesen; sie durften nicht im gleichen Hotel absteigen. Rassentrennung bestimmte den Alltag so stark, daß es kaum einen Ort gab, wo sie sich gemeinsam aufhalten konnten. Diese Erfahrung hat den Mann, der so viel von Freundschaft hielt und deshalb Freundschaft auch immer praktizieren wollte, in seinem Innersten beunruhigt. Er hat mitgelitten und wollte für diese Ausgestoßenen nun in Europa ein Fürsprecher sein. Auch später im Predigerseminar hat er gelegentlich diese Platten vorgespielt und etwas von seinen Erfahrungen berichtet. Doch er hat nie versucht, diesen Kultus direkt zu übernehmen. Das war gewachsene Gläubigkeit, unverwechselbar und unlösbar von den Menschen, die darin lebten. Er selbst – das wußte er – konnte dabei sein, konnte aber keiner von ihnen werden. Darum hat er seine Erfahrungen immer als eine „Episode" behandelt.

Bonhoeffer hatte mir und meinem Freund Klaus Block angeboten, wir sollten nach Semesterabschluß mit ihm zusammen zehn Tage in seinem Wochenenddomizil Biesenthal, nördlich von Berlin, verbringen. Als wir ankamen, stellte sich das als eine Holzbude heraus, in der Größe eines Güterwagens; der Raum war total verstaubt, alle Gegenstände eng zusammengestellt. Nun hieß es, aufräumen, saubermachen, alles einrichten und wohnlich gestalten.

Es war Mitte März noch ziemlich kalt. Ein Petroleumofen mußte helfen. Drei Bettgestelle, ein paar Hocker, ein Tisch, viel mehr war nicht vorhanden. Das Essen kochten wir selbst mit einfachsten Mitteln. Der Tagesablauf war klar. Morgens ein Kapitel aus dem Hebräerbrief und ein Gebet. Später meinte Bonhoeffer, das sei für uns wohl etwas überfordernd gewesen. Danach zog er sich zurück, um zu lesen; er bereitete sich auf seine Sommervorlesung „Christologie“ vor. Er hatte viele Bücher – darunter zahlreiche katholische – mitgenommen. Immer wieder stöhnte er: „Das ist so kompliziert“, oder „Das ist alles falsch.“ Wenn er las, war er nicht zu sprechen. Zum Mittagessen versammelten wir uns wieder; dabei verwendete er als Tischgebet auch ein Wort aus dem Jakobusbrief (1,17): „Alle gute Gabe und alle vollkommene Gabe kommt von oben herab vom Vater des Lichts.“ Bis zum Abendessen waren wir uns selbst überlassen. Es waren die sonnigen Tage von Ende März. Wir gingen spazieren, lagen in der Sonne und gammelten durch den Tag. Bücher haben wir nicht gelesen, wir hatten keine mitgenommen, wir wußten ja nicht, was uns in Biesenthal bevorstand. Wir hatten es uns etwas anders, vielleicht familiärer vorgestellt, mit gemeinsamen Unternehmungen, aber Bonhoeffer war so in die Vorbereitung seiner Vorlesung vertieft, daß er für anderes keinen Blick hatte. Wir erlebten, gemeinsam am See sitzend, einen besonders eindrucksvollen Sonnenuntergang und machten Bonhoeffer darauf aufmerksam. Er sah kurz auf, sagte: „Imposant!“ und las sofort weiter. Abends unterhielten wir uns viel mit ihm; doch davon ist in meinem Gedächtnis kaum etwas haftengeblieben. Dafür aber die Tatsache, daß wir bei klarem Frühlingshimmel die Sterne bewunderten und Bonhoeffer uns ohne Umschweife alle Sternbilder erklären konnte. Seine Antwort auf unser Erstaunen: „So etwas weiß man doch.“ Wir verließen Biesenthal gemeinsam unter dem Eindruck, daß Bonhoeffer immer noch nicht recht wußte, wie er seine Vorlesung „Christologie“ aufbauen sollte und was eigentlich das Geheimnis der Christologie – der Lehre von Person und Werk Jesu – bedeutete.

Das Sommersemester begann, und Bonhoeffer hüllte sich in Schweigen darüber, wie er nun das Problem Christologie lösen würde. Mit Spannung wartete ich auf den Augenblick, wo sich das zeigen sollte. Es geschah in der vierten Stunde mit dem Satz: „Die Person interpretiert das Werk“ (und nicht umgekehrt); „eben weil Jesus der Gottmensch ist, darum kommt seinem Lebenswerk besondere Bedeutung zu. Das Werk an sich (Leiden und Kreuz) ist mehrdeutig. Viele solcher Schicksale hat es damals gegeben. Erst weil hier Gott selbst in Menschengestalt sich opfert, darum erhält dieser Vorgang seine einmalige Bedeutung. Der ganze geschichtliche Jesus mit seinem Sein und seinem Tun ist die Rettungstat Gottes selbst." Das Neue für mich: Ich hatte im Studium gelernt, daß das Werk Jesu seine Göttlichkeit „beweise". Jetzt begriff ich zum ersten Mal, daß die „Garantie" für die Besonderheit Jesu nicht in seiner „Leistung", sondern in seinem Wesen als „Gottmensch" lag. Das war die neue Perspektive. Darüber hinaus bot Bonhoeffer eine genaue Darstellung der verschiedenen Versuche, systematisch zu erfassen, was alles mit diesem Christus zusammenhing. Die Vorlesung war mit etwa dreihundert Hörern überfüllt. Inzwischen war für viele Studenten erkennbar geworden, daß Bonhoeffer und sein Kreis nicht auf die Nazi-Ideologie eingeschwenkt waren. Fast alle haben bis zum Ende durchgehalten, obwohl sehr viel Aufmerksamkeit erforderlich war.

In einer weiteren Vorlesung hat Bonhoeffer auch leichtere Kost angeboten in Form der Behandlung „Neuerer theologischer Literatur". Zu Beginn nannte er die Autoren, die er besprechen wollte: Karl Barth, Karl Heim und Paul Schütz ziemlich ausführlich; danach Hinweise auf den Komplex politischer Ethik mit den Autoren: Friedrich Gogarten, Hinrich Knittermeyer, Alfred de Quervain, Wilhelm Stapel und Emil Brunner. Bonhoeffer fragte zu Anfang, ob noch andere Vorschläge gemacht würden. Einige davon übernahm er. Als er gebeten wurde, auch Elerts „Morphologie des Luthertums" zu besprechen, lehnte er ab: „Davon verstehe ich nicht genug." Diese Ehrlichkeit und Bescheidenheit erzeugten einiges Erstaunen. Der Aufbau der Vorlesung: jeweils zuerst ausführlich die Ansicht des Autors, danach Bonhoeffers Bewertung. Doch in der ersten Stunde begann er mit einer langen Betrachtung über Bücher – das war noch zu einer Zeit, als Bücher einen Wert an sich darstellten und nicht gleichzeitig Werbeträger waren. Er sprach über den Einband und seine Farbe, über Bücher mit und ohne Einleitung, mit und ohne Inhaltsverzeichnis. Er machte Bemerkungen über Schrifttypen, über Aufmachung und Illustration, auch über den Umgang mit diesem Angebot. Schließlich zeigte er, wie man aus der Aufmachung Rückschlüsse auf den Autor ziehen könne. Am meisten wunderte uns dabei, daß ein qualifizierter Theologe so locker und sachkundig über etwas reden konnte, was doch gar nicht auf seiner Linie lag.

Im Seminar wurde Hegels Religionsphilosophie behandelt. Bonhoeffer erklärte mir, daß Franz Hildebrandt ihn dazu gedrängt habe. Wir mußten lesen, viele Kapitel in einer ziemlich komplizierten Sprache. Zu den Studenten gehörte auch Ernst Tillich, damals schon verheiratet, ein entfernter Verwandter des Theologen Paul Tillich; er hat nach 1945 die Theologie verlassen und ist in die Politik gegangen. Bonhoeffer meinte, mit ihm könne er reden wie mit seinesgleichen. Doch als Tillich sich dann mit einer Studentin liierte, wurde Bonhoeffer ihm gegenüber mißtrauisch, denn er vermutete, Tillich würde seine Theologie nun zur Entschuldigung für seinen Fehltritt benutzen. Das war wohl nicht der Fall, denn er plante bereits seine Scheidung. Im Seminar fiel er einmal mit einem Hinweis auf. Er hatte bei Hegel eine Stelle entdeckt, die beweisen konnte, daß dieser doch nicht echt christlich dachte. Bonhoeffer gefiel das gar nicht. Er sagte: „Einen Autor darf man nicht von einer mißverständlichen Äußerung aus angreifen, man muß vielmehr danach fragen, was mit dem ganzen Werk ausgesagt werden soll."

Schon während des Wintersemesters hatte Bonhoeffer versucht, eine Pfarrstelle zu bekommen. Ihm war klargeworden, daß er in einer Gemeinde sein müsse, weil dort jetzt die Entscheidungen fallen. Mein Vater bot ihm eine Stelle an der Bartholomäuskirche an, wo er selbst Pfarrer war. Als weiterer Bewerber hatte sich Superintendent Ernst Pätzold aus Wilsnack (geboren 1891) gemeldet. Bonhoeffer hielt die erste Probepredigt Anfang Februar über die Sturmstillung (Matthäus 8,23–27). Es war die vorgeschriebene Perikope für den vierten Sonntag nach Epiphanias. Bonhoeffer beschrieb eindrücklich, wie da in dem durch Sturm gefährdeten Boot Furcht von den Menschen Besitz ergriff und wie die Jünger mit verzerrten Mienen nach Rettung Ausschau hielten. Doch Jesus schlief neben ihnen – ungerührt. Sie weckten ihn – und sind gerettet. Das Merkwürdige geschah, daß Superintendent Pätzold am Sonntag danach über den gleichen Text predigte. Er sprach oberflächlich, erzählte Geschichtchen und brachte eine erbauliche Deutung dieses ganzen Vorganges. Er wurde mit 147 Stimmen gewählt; Bonhoeffer erhielt nur 25 Stimmen. Offenbar war der Gemeinde dieser junge Mann mit dem intellektuellen Einschlag fremd geblieben. Das geschah am 28. Februar 1933. Ein weiterer Versuch wurde später auch im Bereich meines Vaters unternommen, in der Lazarusgemeinde. Diesmal waren zwei Stellen zu besetzen. Bonhoeffer wollte dort zusammen mit Franz Hildebrandt eine Art Team-Pfarramt gestalten. Als die Wahl im Mai anstand, stellte sich heraus, daß der „Arier-Paragraph" in Zukunft eine wesentliche Rolle spielen würde. Bonhoeffer sagte ab, weil damit zu rechnen war, daß sein Freund Franz Hildebrandt nie gewählt werden würde. Ein Berliner Pfarramt schien für ihn nun unerreichbar geworden zu sein.

Die politische Lage war im Frühjahr 1933 noch ziemlich unübersichtlich: Am 27. Februar brannte der Reichstag, am 28. Februar wurde die „Verordnung zum Schutz von Volk und Staat" erlassen, am 5. März werden Reichstagswahlen durchgeführt, danach nimmt am 23. März der neue Reichstag das Ermächtigungsgesetz an. Am 1. April kommt es zum ersten Judenboykott, am 25. April wird der Wehrkreispfarrer Ludwig Müller von Hitler zum „Bevollmächtigten für die Angelegenheiten der evangelischen Kirche" ernannt.

Für uns Studenten waren alle diese Vorgänge in gewisser Weise „abstrakt"; sie betrafen uns nicht direkt; sie beunruhigten uns, aber forderten uns noch nicht zum Handeln heraus. Anders war es, als im April deutlich wurde, daß es eine neue innerkirchliche Gruppierung gab, die sich „Deutsche Christen" (abgekürzt DC) nannte und offensichtlich mit staatlicher Unterstützung agierte. Als dann am 24. Juni staatliche Kommissare in die kirchliche Verwaltung der preußischen Kirchen eingesetzt wurden, war klar, daß nun eine Art „Kriegszustand" eingetreten war. Der Kirchenkampf begann, also der Kampf um die Freiheit der Kirche von politischer Bevormundung und von politischer Gleichschaltung. Das aktuelle Problem lag darin, daß die älteren Pfarrer sich neutral verhielten, weil man – wie es in der Bibel heißt – „lieber Unrecht erleiden soll als Unrecht tun" (nach 1. Korinther 6,7). Für sie gab es eben nur die eine evangelische Kirche. Nun traten plötzlich die Deutschen Christen auf, die fast eine nationalsozialistische Organisation waren. Im scharfen Gegensatz zu ihnen stand die Oppositionsgruppe – damals Jungreformatorische Bewegung genannt; aus ihr ist 1934 die Bekennende Kirche hervorgegangen. Das Kräfteverhältnis in der Pfarrerschaft von Preußen war grob geschätzt: die Hälfte neutral, ein Viertel DC, ein Viertel Bekennende Kirche. Allerdings war im Juni 1933 das Bild noch nicht so klar, denn jetzt kämpften die Gruppen noch um ihren Einfluß. Anfang Juli wurde für die evangelischen Kirchen eine neue Verfassung eingeführt; aus einem Bund von 28 ziemlich selbständigen Landeskirchen sollte die eine einheitliche „Deutsche Evangelische Kirche" gebildet werden. Für den 23. Juli waren Kirchenwahlen angesetzt. Die Nazis mobilisierten alle ihre Anhänger dafür und setzten weithin auch Gemeindeglieder unter Druck, die sich dem Trend nicht fügen wollten.

Diese neuen Strömungen waren bis in die Universität vorgedrungen. Es wurde schnell eine NS-Studentengruppe gebildet; neben ihnen auch ein deutsch-christlicher Interessentenkreis.

Etwa ab April – also seit unserer Rückkehr aus Biesenthal – trafen sich die beunruhigten Studenten aus dem Bonhoefferkreis gelegentlich, um zu überlegen, was nun zu tun sei. Als dann das Sommersemester begonnen hatte, führten wir intensive Gespräche mit Bonhoeffer, um herauszufinden, was unsere Aufgabe sein könnte. Es gab in der Pfarrerschaft so viel Kompromißbereitschaft, Angst und in gewisser Weise – durch die Nazis geweckte – Hoffnung auf bessere Tage, daß die Eigenständigkeit der Kirche erheblich gefährdet schien. Theologisch ausgedrückt: Das Bekenntnis – also die Glaubensgrundlage der Kirche – drohte durch die NS-Ideologie verfälscht oder ersetzt zu werden. Im Juni verfaßten wir zusammen mit Bonhoeffer ein eigenes Flugblatt, in dem wir scharf gegen die Herrschaft einer kirchenpolitischen Partei und ihre Machenschaften protestierten. Da wir dieses Blatt auch verteilen wollten, holten wir uns von Pfarrer Martin Niemöller die Genehmigung dafür. Er war erst etwas beunruhigt, stimmte aber dann doch zu. Nun hieß es handeln: Es wurde – meist abends und nachts – vervielfältigt; es mußten Adressen geschrieben werden (eine Verteilung auf der Straße oder im Universitäts-Gebäude wäre sofort unterbunden worden); die Flugblätter mußten dann – möglichst weit vom Ort unseres Tuns entfernt – in die Briefkästen gesteckt werden. Wir waren ziemlich stolz auf diese Aktion. Als sich allerdings bei der Kirchenwahl herausstellte, daß die Deutschen Christen fast überall in Preußen die Mehrheit errungen hatten, wurde uns klar: Jetzt beginnt für uns eine gefährliche Zeit, wir sind nur noch eine kleine Minderheit.

Da die Universität in die Auseinandersetzungen hineingezogen war, bereitete der zuständige Studentenpfarrer Bronisch-Holtze für den 22. Juni eine große Diskussionsveranstaltung im Auditorium Maximum vor. Er konnte das riskieren, weil er gleichsam amtlich über den Fronten stand. Der Raum war überfüllt. Fast alle Theologieprofessoren waren gekommen, dazu nicht nur Theologiestudenten, sondern auch viele aus anderen Fakultäten. Für diese Zusammenkunft war die vorlesungsfreie Mittagszeit gewählt worden. Es begann mit einem langen Lagebericht des Studentenpfarrers. Bald danach sprach ein junger Student mit schriller Stimme und werbendem Pathos. Er begann mit einem Zitat aus dem Philipperbrief (4, 13): „Ich vermag alles durch den, der mich mächtig macht, Christus." Und dann kam es: „Mit Christus können wir eine neue Kirche, einen neuen Staat schaffen; er gibt uns die Kraft, zusammen mit dem Führer für unser Volk und unser Land eine neue Zukunft zu bauen; er befähigt uns dazu, all unsere Kräfte für die neue Zeit einzusetzen. Christus gibt die Kraft, der Führer gibt das Ziel an." So etwa klang es ungefähr fünfzehn Minuten lang. Viele waren begeistert – jedenfalls der Lautstärke nach zu urteilen; andere waren erschreckt, betreten, ratlos. Einige Theologieprofessoren sprachen danach – sehr gebildet und ausgewogen und auch etwas überlegen; sie stellten die aktuellen Probleme in einen größeren historischen Zusammenhang. Eigentlich wirkte das etwas farblos angesichts der aufgeheizten Stimmung. Viele Studenten – bereits vom nationalen Sog erfaßt – erwarteten mehr. Fast gegen Ende stand Bonhoeffer auf, ging eine lange Strecke von hinten, wo er saß, bis auf das Podium, verharrte einen Moment in Ruhe (so wollte er die Studenten zur Aufmerksamkeit zwingen) und begann seine Rede mit den Worten: „Wenn Gott seine Kirche in den Kampf stellt, dann will er ihr damit etwas sagen." Danach erläuterte er, daß das gegenwärtige Geschehen eine Frage Gottes an uns sei, an unseren Gehorsam gegenüber Gottes Auftrag und gegenüber dem Bekenntnis der Kirche. „Schwache" sind das (also Menschen, die Hilfsmittel für die Durchsetzung ihrer Ziele brauchen), die besondere Regelungen für die Mitgliedschaft in der Kirche aufstellen wie die Rassengesetze. Die „Starken" dagegen sind auf solche Hilfen nicht angewiesen. Wenn aber – wie jetzt – diese Schwachen den Starken ihre Gesetze aufzwingen wollen, dann muß dem widerstanden werden. Ein Konzil könnte vielleicht darüber entscheiden, doch wenn das nicht möglich ist, muß eine Scheidung von diesen Schwachen erfolgen. – Das klang schon ziemlich aggressiv und wurde auch so verstanden. Doch in der allgemeinen politischen „Aufbruchstimmung" ging die Warnung wieder unter. Viele verließen frohgemut die Versammlung, andere dagegen waren erschreckt und bedrückt. Die Professoren vermittelten den Eindruck, daß sie ihr Bestes gegeben hätten, aber leider seien sie nicht verstanden worden.

Die innere Situation der Universität und wohl auch der Theologischen Fakultät hatte sich im Gefolge der kirchenpolitischen Entwicklung erheblich verändert. Es war klargeworden, daß es kaum noch einen Freiraum für Personen geben würde, die sich nicht dem allgemeinen Trend anpassen wollten. Bonhoeffer rechnete damit, daß er als Privatdozent bald nach Ende des Semesters von seinem Auftrag entbunden würde. Darum beantragte er vorher noch seine Beurlaubung. Er hoffte, dadurch sein Recht auf Abhalten von Vorlesungen erhalten zu können; er hatte richtig kalkuliert und konnte im Wintersemester 1935/1936 noch einmal eine Vorlesung mit dem Thema „Nachfolge" abhalten. Bereits im November 1935 war im Ministerium die Entscheidung gefallen, daß es nicht möglich sei, neben der Universitätstätigkeit auch noch das (illegale) Predigerseminar in Finkenwalde zu leiten. Bonhoeffer sandte den verlangten politischen Fragebogen ein, den jeder an der Universität Tätige vorlegen mußte, und fügte den „Ariernachweis" bei. Da jedoch seine kirchenpolitische Position bekannt war, hatte dieser Versuch, seine Lehrbefugnis weiter zu erhalten, keinen Erfolg. Sie wurde ihm bald danach endgültig entzogen.

Seit Sommer 1933 haben wir alle zusammen immer wieder überlegt, wie es weitergehen solle. Bonhoeffer hatte lange schon den Plan, Gandhi in Indien zu besuchen und sich genauer über die Möglichkeiten des passiven Widerstandes zu informieren. Schon in den USA hatte der Plan bestanden; er scheiterte aber daran, daß sich keiner fand, der ihn dorthin begleiten wollte. Jetzt hätte er es sehr gern getan; doch er gewann zunehmend den Eindruck, daß er sich mit solch einer Flucht der Verantwortung entziehen würde, die er gerade jetzt in der Kirche wahrzunehmen hätte. Über andere Möglichkeiten haben wir auch mehrfach gesprochen: Sie bestanden im Gründen einer Freikirche oder im Auswandern in ein „sicheres" Land, wo wir dem direkten Zugriff der Polizei vorerst entzogen waren. Zuletzt schlug Bonhoeffer vor, wir sollten eine Art Gemeinschaftssiedlung (allerdings ohne Frauen) gründen und dort ein gemeinsames Leben führen. Er dachte an Rumänien. Aus alledem wurde nichts. Die „Zeichen" standen dagegen. Bonhoeffer war auch viel zu sehr auf „Außenbestätigung" für seine Pläne angewiesen, als daß er sich gegen vorhandene erhebliche Widerstände durchzusetzen bereit war. Direkt nach Semesterende war er nach Bethel gereist, um mit einigen Theologen (darunter dem Alttestamentler Wilhelm Vischer, den er sehr schätzte) das sogenannte „Betheler Bekenntnis" zu entwerfen, einen Glaubens-Katechismus, der auf die neuen

Probleme eine Antwort geben sollte. Die Bekennende Kirche war allerdings mit dem Ergebnis nicht ganz einverstanden, insbesondere nicht mit dem Kapitel, in dem die Judenfrage dargelegt wurde. Martin Niemöller hat später den Text in gekürzter Fassung veröffentlicht. Die Hinreise nach Bethel hatte Bonhoeffer unterbrochen, um in London eine Probepredigt zu halten. Er wollte eine Auslandsgemeinde übernehmen. Er wurde gewählt. Nun befand er sich in einer schwierigen Situation. Die deutschen Auslandsgemeinden unterstanden dem Kirchlichen Außenamt, das von Männern geleitet wurde, die den neuen kirchenpolitischen Kurs unterstützten. Nach den Kirchenwahlen vom Juli 1933 waren in Preußen fast alle leitenden kirchlichen Posten ausgewechselt und mit Sympathisanten der Nazis besetzt worden. Bonhoeffer meldete seine Wahl in London dem Kirchlichen Außenamt und bat um Bestätigung. Sie wurde zuerst verweigert. Er hat dann in einem Gespräch mit dem Reichsbischof Ludwig Müller erklärt, daß er auch im Ausland die Kirchenpolitik der neuen Kirchenvertreter nicht verteidigen werde. Er rechnete mit einem Verbot; doch da er in der Ökumenischen Bewegung weithin bekannt war – er war im September 1931 zu einem der drei internationalen Jugendsekretäre des „Weltbundes für Freundschaftsarbeit der Kirchen“ gewählt worden –, hätte ein Reiseverbot erhebliche Rückwirkungen erzeugt, denen die neuen Kirchenmachthaber unbedingt ausweichen wollten. Bonhoeffer durfte das Amt in London antreten, jedoch nicht als Pfarrer der Deutschen Evangelischen Kirche, sondern als gewählter Pfarrer zweier Londoner Gemeinden. Bei der Abreise aus Berlin sagte er zu seinen Studenten: „Wir müssen jetzt alle kleine Brandstifter werden, wie van der Lubbe“ (der angeblich den Reichstag angezündet hatte; Bonhoeffers Vater hatte ihn als offizieller Gutachter untersucht und ihm eine sachliche Beurteilung gegeben, die allerdings an seinem späteren Schicksal nichts änderte. Er wurde hingerichtet.)

Bonhoeffers Bewertung der Lage zu dieser Zeit macht eine Begegnung deutlich, die nach der verlorenen Kirchenwahl stattfand. Bei dem abgesetzten Generalsuperintendenten Otto Dibelius trafen sich Kurt Scharf, der den Brandenburger Bruderrat vertrat, und Dietrich Bonhoeffer. Es ging um die Frage: Was ist geschehen, und wie soll es weitergehen? Dibelius war optimistisch; er erinnerte an den nationalen Aufbruch in den Befreiungskriegen 1813/1814 und meinte, auch jetzt könne alles in einer ernsthaften Frömmigkeit enden. Bonhoeffer opponierte heftig und sagte: „Nationalsozialismus ist Heidentum, Staatsvergötzung, rassische Hybris." Danach mußte entschieden werden, wie man sich nun in Zukunft verhalten wolle. Es bestand Einigkeit darin, daß man „innerhalb des gemeinsamen Hauses Evangelische Kirche" bleiben müsse. Nur so könne man mit Hilfe des geltenden Kirchenrechts gegen Fehlentwicklungen opponieren und vielleicht die Kirche vom staatlichen Zwang befreien. Wer sich dieser Konfrontation freiwillig entzieht, der verrät sein Amt und seinen Auftrag in dieser – von fremden Mächten okkupierten – Kirche. Der Kampf gegen die Häretiker (Ketzer) muß in der Kirche geführt werden.

Allerdings bestand innerhalb der Bekennenden Kirche keine klare Vorstellung, wie das geschehen solle. Die Leitung der Jungreformatorischen Bewegung, die als Gegengewicht gegen die Deutschen Christen bei der Kirchenwahl angetreten war und verloren hatte, erklärte danach: Weil es zur kirchenpolitischen und staatspolitischen Frontbildung gekommen ist, muß sich die „Bekennende Kirche" jetzt auf die innerkirchliche Linie zurückziehen, also auf Predigt, Gemeindearbeit und theologische Besinnung. Die Christen sollten sich nicht dem Verdacht aussetzen, „es an staatspolitischer Zuverlässigkeit fehlen zu lassen".

Als Bonhoeffer diesen Text sah, war er entsetzt. Er sagte: „Jetzt hat die Bekennende Kirche ihren Auftrag verraten. Wer in dieser Zeit um seine staatspolitische Zuverlässigkeit bangt, der versündigt sich am Auftrag der freien Verkündigung. Von dieser Kirche kann kein Widerstand gegen ihre Zerstörung erwartet werden." Diese Beurteilung war – wie die weitere Entwicklung zeigte – zu pessimistisch. Allmählich setzte sich auch bei den Verantwortlichen der Bekennenden Kirche die Erkenntnis durch, daß es letztlich um eine grundlegende politische Auseinandersetzung ging. Doch das dauerte lange. Jedenfalls ist Bonhoeffer angesichts dieser Selbstdefinition der Bekennenden Kirche leichter ins Ausland gegangen. Dort allerdings hat er sein Wirken durchaus auch als politischen Auftrag verstanden. Seine Haltung erläuterte er mit einem Wort von Theodor Storm, das damals öfter zitiert wurde: „Der eine fragt, was kommt danach, der andre: was ist recht? Und also unterscheidet sich der Freie von dem Knecht."

Im Dienst der Bekennenden Kirche

London

Noch vor seiner Abreise im Oktober 1933 hatte mich Bonhoeffer eingeladen, ihn Weihnachten in London zu besuchen. So fuhr ich am Heiligen Abend von Berlin aus mit dem Zug nach Calais, mit dem Schiff bei etwas ungemütlichem Wetter bis Dover und weiter mit dem Zug nach London. Dort mußte ich mich – was nicht ganz leicht war – durchfragen, um nach Forest Hill zu gelangen, einem südlichen Vorort, in dem Bonhoeffer wohnte. Ich kam um die Mittagszeit an und stellte fest, daß in England der erste Feiertag als der eigentliche Weihnachtstag begangen wird; der Heilige Abend wird nicht gefeiert. Bonhoeffer war zum Festessen eingeladen und nahm mich einfach mit – zu dem Techniker Lawrence Whitburne, der ganz in der Nähe des Pfarrhauses wohnte. Bonhoeffer war mit ihm gut bekannt. Es gab – wie an diesem Tage üblich – einen großen Truthahn. Er duftete köstlich, aber keiner wußte, wie man ihn richtig zerlegt. Offenbar war es dem Gastgeber peinlich, dem vornehmen Gast vorzumachen, wie sie sonst mit solch einem Braten umgingen. Bonhoeffer ergriff nun wie selbstverständlich das große Messer, die anderen mußten das Tier festhalten, dann schnitt er gekonnt Stück für Stück fachgerecht ab. Ein kahles Gerippe blieb übrig. Der Hausherr dazu trocken: „Bonhoeffer ist zu allem fähig."

In diesem Haus war er oft nach dem Gottesdienst eingekehrt, nur um sich zu entspannen. Whitburne war ein begeisterter Sänger. Er ließ sich gern von Bonhoeffer begleiten. Oft sang er die Balladen von Loewe, für den Sänger eine anstrengende Aufgabe, für den Klavierspieler eine Chance, sich einmal richtig auszutoben. Frau Whitburne hatte Lust bekommen, vierhändig mit Bonhoeffer zu spielen, doch das begann mit einer schrecklichen Dissonanz, die Folge davon, daß Bonhoeffer aus Spaß in einer anderen Tonart begonnen hatte.

Einige Zeit vor dem Weihnachtsfest hatten beide Männer sich gemeinsam bemüht, den schleppenden Gemeindegesang ins richtige Tempo zu bringen. Doch daran waren sie gescheitert. Nun hatten sie nach einem Ausweg gesucht und waren zu der Erkenntnis gekommen, daß nur ein Kirchenchor Abhilfe schaffen könne. Das wurde auch in die Wege geleitet. Gerade jetzt am Festtag hatte der Chor seine Lieder unterm Tannenbaum gesungen – und zwar im richtigen Tempo. Die beiden Männer unternahmen viel gemeinsam; sie spielten vor allem zusammen Tennis. Bonhoeffer liebte Bewegung in der freien Luft, und er wollte auch etwas gegen sein zunehmendes Gewicht tun.

Dietrich Bonhoeffer amtierte an einer Kirche im Süden von London, der Kirche von Sydenham in Forest Hill; dort war auch seine Dienstwohnung. Zur Gemeinde gehörten Kaufleute und Diplomaten. Etwa dreißig bis vierzig Personen kamen zum Gottesdienst. Außerdem versorgte er noch die Kirche St. Paul in East End, also im Osten der Stadt. Hier kamen am Sonntagabend etwa fünfzig Personen zum Gottesdienst, meist Handwerker und Hausangestellte. Das Pfarrhaus war recht groß, unansehnlich und kalt. Geheizt wurde nur mit einem Gasbrenner im Kamin; es brannten aber nie alle Flammen in allen Zimmern. Die Fenster ließen die feuchte Luft von außen hinein. Eigentlich war nur ein Zimmer als Aufenthaltsraum brauchbar. Bilder und Drucke hatte Bonhoeffer von Berlin mitgebracht, auch Möbel und Bücher, dazu den großen Bechstein-Flügel. Ein Hund sollte die Wohnung beleben. Ein junger Bernhardiner wurde auch gefunden. Doch bevor er sich richtig an die neue Umgebung gewöhnt hatte, endete sein Leben tragisch; er wurde von einer Katze auf die Straße gelockt und dort von einem Auto überfahren.

Im unteren Teil des Hauses war eine deutsche Schule untergebracht. Ein großer verwilderter Garten lag hinter dem Haus. Eine Haushälterin, die im Keller wohnte, kümmerte sich um die beiden Junggesellen, denn Franz Hildebrandt war auch für einige Zeit nach London gekommen. Allerdings war diese Hilfe für die beiden nur von kurzer Dauer, denn die Haushälterin mußte, noch während ich dort war, wegen Geisteskrankheit in eine Anstalt gebracht werden. Den Haushalt mußten die beiden Männer nun allein bewältigen, bis hin zum Kampf gegen die Mäuse, die sich im Haus eingenistet hatten.

Die Morgenwäsche war – infolge der Kälte im beginnenden Winter – ziemlich kurz. Etwa um 11 Uhr wurde gefrühstückt – ausgiebig und vielfältig. Dann wurde die „Times" besorgt, um die neuesten Berichte über den deutschen Kirchenkampf zu erhalten. Fast täglich telefonierte Bonhoeffer mit Berlin. Einmal war die monatliche Telefonrechnung so hoch, daß sie den Monatsverdienst überstieg; das Postamt hatte Mitleid und halbierte die Summe. Der Vormittag war frei; jeder konnte tun, was er wollte. Um 14 Uhr kamen alle zu einem Imbiß zusammen, wie das in England üblich ist. Die Hauptmahlzeit gab es um 18 Uhr. Die Abende waren Gesprächen vorbehalten, wenn nicht Kino, Theater, Konzert oder Einladungen vorgesehen waren. Diese Abende im Haus waren etwas Besonderes: ein ständiges Wechseln von Reden und Musizieren, allein oder zu zweit, wobei die Gespräche aus gegenseitigem Streiten (meist über theologische Themen) und aus Vermittlung von Sachinformation bestanden. Das zog sich bis weit über Mitternacht hin, manchmal bis drei Uhr. Es war faszinierend zu beobachten, wie diese beiden Freunde „kämpften", sich verständigten, an den Flügel strebten, mit Hingabe spielten und dann wieder in ein Streitgespräch gerieten. Ich habe es vier Wochen lang miterlebt. Mir war dabei die Rolle des Statisten zugedacht. Etwa fünf Minuten vom Pfarrhaus entfernt wohnte die Familie Crüsemann. Auch dort war Bonhoeffer oft zu finden. Seinem Einfluß ist es wohl zu verdanken, daß der Hausherr – ein typischer Geschäftsmann – von seiner Begeisterung für Hitler Abstand genommen hat. Bonhoeffer wurde dort geschätzt wegen seiner verstehenden Freundlichkeit und seines Humors. Vater Crüsemann bekam im Januar die Idee, seine beiden Kinder zum Konfirmandenunterricht bei Bonhoeffer anzumelden. Den Kindern war das überhaupt nicht recht, weil sie zusammen mit ihren Mitschülern eingesegnet werden wollten. Bei dem ersten Gespräch fragte Bonhoeffer die Geschwister, wie sie denn darüber dächten. Diese Frage setzte sie in große Verwirrung, denn bisher hatte der Vater immer über sie bestimmt. Sie akzeptierten dann den Plan des Vaters. Im privaten Unterricht – es stand ja bis Palmarum nicht mehr viel Zeit zur Verfügung – behandelte Bonhoeffer alle Weltreligionen und stellte zuletzt die Grundlagen des Christentums dar. Am Ende jeder Stunde spielte er auf ausdrücklichen Wunsch der Kinder den bekannten Walzer aus dem „Rosenkavalier". Da saß er dann in seinem dunklen Anzug, leicht gebeugt, am Flügel, und sein dünner werdendes Haar wurde sichtbar. Nach der Konfirmation ebbte das kirchliche Interesse in der Familie wieder ab. Doch die beiden Geschwister gingen weiterhin in die Gottesdienste von Bonhoeffer.

In Birmingham studierte der deutsche Quäker Hardy Arnold, um

Lehrer zu werden. Sein Vater leitete in der Rhön den Bruderhof, eine Gemeinschaftssiedlung. Für dieses Experiment interessierte sich Bonhoeffer sehr – gerade jetzt, da die politischen Aggressionen in Deutschland ständig zunahmen. Darum ließ er sich von Hardy Arnold genauer informieren. Der Bruderhof war eine unabhängige Unternehmung, hatte nichts mit der evangelischen Kirche zu tun und hatte keine direkten Verbindungen zum Staat. Bonhoeffer dachte, wie bereits erwähnt, zu dieser Zeit zölibatär: Das Familienleben mit seiner speziellen Liebesbeziehung von Mann und Frau kann die Liebe, die allein Christus und der Bruderschaft gehören soll, in falsche Bahnen lenken. Auch mir hatte er gelegentlich erklärt, daß man in Kampfzeiten nicht heiraten dürfe. Die Frau würde den Mann – durch die Rücksichtnahme, die sie beanspruche – daran hindern, sich ganz dem Auftrag zu widmen, der an ihn ergangen sei. Offenbar haben die Berichte von Hardy Arnold Bonhoeffer nicht völlig von der Durchführbarkeit solch eines Gemeinschaftsunternehmens in Zeiten politischen Druckes überzeugt. Sein Bruderhaus in Finkenwalde bekam einen ganz anderen Akzent.

Bonhoeffer war in diesen Londoner Tagen sehr beschäftigt. So war ich viel allein. Diese Zeit nutzte ich, um Gemeindeglieder in der Streatham Congregational Church zu besuchen (sie lag fast neben der Gemeinde von Sydenham). In dieser freikirchlichen Gemeinde war ich 1931 mit einer kleinen deutschen Gruppe einige Wochen zu Gast gewesen. Für uns war diese neue Form der Kirchlichkeit sehr ungewohnt. Das Kirchengebäude war gleichzeitig Gottesdienstraum, Treffpunkt für verschiedene Kreise und Freizeitzentrum mit verschiedenen Sportmöglichkeiten und Aufenthaltsräumen. Ich kannte bisher in Deutschland nur das Kirchengebäude für Gottesdienste und das Gemeindehaus für Bibelstunden. Die Kirche als Mitte des privaten Lebens – das war mir neu. Bonhoeffer hatte für diese Form der Kirchlichkeit viel Sympathie. Er kannte diese Lebensform schon von seinen ökumenischen Begegnungen her. Seitdem war er auf der Suche nach Formen, durch welche die amtliche deutsche Gemeindearbeit aufgelockert und die Beziehungen untereinander vereinfacht werden könnten. Wie stark die menschlichen Kontakte in einer freikirchlichen Gemeinde personalisiert sind, erlebte ich kurz nach Kriegsbeginn 1939. Ich erhielt aus Streatham eine Postkarte mit dem Text: „Was auch geschehen wird, wir bleiben Freunde." Bonhoeffer hatte immer betont, daß christliche Bindungen stärker sind als die nationalen. Jetzt wußte ich, was er gemeint hatte.

Aus den abendlichen Gesprächen sind mir zwei Erlebnisse Bonhoeffers besonders in Erinnerung geblieben: Er war zu einer Tagung der „Oxford-Bewegung" (später wurde bei uns ein Ableger als „Moralische Aufrüstung" bekannt) in den Süden Englands gereist. Die Tagung selbst war für ihn nicht sehr ergiebig. Doch amüsiert berichtete er, wie ihn ein engagierter Teilnehmer gefragt hatte: „How many lifes did you change?" (Wie viele Menschen hast du bekehrt?) Bonhoeffers Antwort: „Keinen, das ist nicht meine Aufgabe." Der Fragesteller war verblüfft und irritiert. Mit dieser Antwort konnte er nichts anfangen, was Bonhoeffer wohl auch erreichen wollte.

Bonhoeffer wurde oft eingeladen. Schließlich hatte sich in den etwas introvertierten deutschen Kreisen schnell herumgesprochen, daß mit Bonhoeffer ein – wie es einmal beschrieben wurde – „aristokratischer Bürger" nach London gekommen war. Auch in der englischen Gesellschaft fand er schnell Zugang. Da erlebte er einmal folgendes: Ein kleiner Kreis von bedeutenden Damen und Herren saß abends um den Kamin gruppiert. Bonhoeffer war dabei und erblickte plötzlich einen wichtigen Diplomaten, der breitbeinig dasaß, aber vergessen hatte, seine Hose zuzuknöpfen. Für alle war dieses Mißgeschick ständig sichtbar. Das irritierte Bonhoeffer, und er wollte ihm ein Zeichen geben und ihn hinausbitten – doch das mißlang. Für die übrigen Gäste war das kein Problem; sie sahen einfach darüber hinweg. Und zwar während des ganzen Abends. Bonhoeffer dazu: Die Engländer sind doch merkwürdige Leute. Sie können so etwas einfach ignorieren.

Natürlich kamen in unseren privaten Unterhaltungen auch immer mal wieder englische Worte oder Sätze vor. Ich mußte bei meinen privaten Unternehmungen in Clapham Junction umsteigen. Als ich Bonhoeffer davon berichtete, sagte ich „Junction" statt „Djunction". Bonhoeffer monierte es sofort als schlechte Aussprache. Als ich jedoch abends beim Essen einmal die Wurst mit der Hand vom Teller nahm mit den Worten: „Excuse my fingers", lobte er diese Bemerkung ausdrücklich als gutes Englisch. Da Bonhoeffer mich nicht einfach so „rumhängen" lassen wollte, empfahl er mir nach einem längeren Gespräch über die russischen Religionsphilosophen (Berdjajews Schriften waren für Bonhoeffer sehr wichtig) einen Text von Wladimir Solowjew (1853–1900). Er hatte dessen Werke mit nach London genommen. Ich sollte die „Vision vom Antichristen" lesen, ein Text, den er als einen der wichtigsten für unsere damalige Zeit ansah. Darum hier eine kurze Inhaltsangabe: Es entstehen die Vereinigten Staaten von Europa. Da tritt ein Mensch auf, 33 Jahre alt, sehr schön, ein Denker und Schriftsteller, auch Tierfreund und Vegetarier sowie Spiritualist, Asket, Philanthrop. Er weiß, daß er ein Übermensch ist. Er wartet nun auf eine Berufung durch Gott, aber diese bleibt aus. Da erschrickt er vor dem Gedanken, Christus könne wiederkommen und ihn entwürdigen. Er will sich töten, wird aber wunderbar gerettet. Er schreibt das Buch: Der Weg zu Frieden und Wohlstand auf der ganzen Erde. Da wird er populär. Er wird zum Präsidenten der Vereinigten Staaten Europas gewählt. Er ernennt nun überall Statthalter. Ein friedliches Weltreich entsteht. Zuerst muß das soziale Problem gelöst werden; das geschieht durch die „Gleichheit der allgemeinen Sättigung". Doch die Menschen wollen auch unterhalten werden. Dazu wird der Wundertäter Apollonius berufen, der sowohl die Technik des Westens wie die Mystik des Ostens beherrscht. Er stillt die Grundbedürfnisse der satten Menschen, indem er sie durch Zaubereien unterhält. Ungelöst ist bisher noch die religiöse Frage, die Frage nach Leben und Tod. Unter den Christen ist inzwischen ein gewisses Mißtrauen gegenüber diesem neuen Machthaber entstanden, der in Jerusalem residiert. Diesen bietet er nun ein ökumenisches Konzil an zur Lösung ihrer Probleme. Er macht den verschiedenen Gruppierungen Angebote, die ihren jeweiligen Wünschen entsprechen. Aus Dankbarkeit sollen sie dann ihn als den wirklichen Herrn anerkennen. Die Mehrheit akzeptiert das, doch eine kleine Minderheit verweigert sich. Der Herrscher wird von ihnen aufgefordert, sich zu Christus zu bekennen, erst dann würden sie ihm folgen. Apollonius läßt eine große Finsternis entstehen. Der orthodoxe Vater Johannes ruft entsetzt: „Der Antichrist!" Ein Donnerschlag tötet ihn. Nach diesem Zeichen des Himmels fordert der Herrscher noch einmal seine Anerkennung als oberster Herr. Jetzt exkommuniziert ihn Papst Peter. Auch dieser wird getötet. Professor Pauli, als Protestant, läßt danach die kleine Schar der Übriggebliebenen beschließen, daß jede Gemeinschaft mit dem Ketzer aufzugeben sei. Dieser Rest will nun in der Wüste ein neues Leben beginnen. Kurz vor ihrem Wegzug wird ihnen eine Botschaft von ihrem Herrscher übermittelt, die besagt, daß die böswilligen Rebellen durch seine Fürbitte beim himmlischen Vater vor dem verdienten Tod bewahrt würden, sich aber nicht in der Nähe von besiedelten Gegenden aufhalten dürften. Nun wird offiziell ein neuer Papst gewählt – es ist Apollonius. Unter ihm schließen sich alle Christen zusammen bis auf einen kleinen Rest, der nach Jericho zieht. Hier entsteht echte Ökumene. Nun erheben sich die Juden, weil sich der neue Herrscher auch zu ihrem Messias eingesetzt hat. Sie erobern Jerusalem. Der Herrscher flieht ans Tote Meer, wo er mit den Seinen von einem Feuerstrom verschlungen wird. Nun kommt Christus vom Himmel herab, um tausend Jahre auf der Erde zu herrschen.

Der Antichrist nicht als rabiater Zerstörer, sondern als Menschenfreund in eigenem Namen – diese Vision war damals, als viele abfielen und dem Verführer nachliefen, eine Art Entlarvung. Bonhoeffer dachte an den Antichrist als eine reale Größe – eben in Gestalt des humanen Retters in eigenem Namen. Im Jahre 1934 schien diese Spaltung zwischen den Verführten und den Widerstrebenden greifbare Realität zu werden.

Die wichtigste Begegnung während der Londoner Zeit war für Bonhoeffer die mit George Bell, dem Bischof von Chichester (1883–1958). Er war Präsident des Ökumenischen Rates für Praktisches Christentum, also einer der wichtigsten Repräsentanten und damit auch Sprecher der Weltchristenheit. Im November 1933 wollte Bonhoeffer – auf Empfehlung von Professor Adolf Deissmann in Berlin – seinen Antrittsbesuch bei dem Bischof machen. Dieser lud ihn sofort nach Chichester (in der Nähe von Portsmouth) ein. Sie trafen sich in Brighton während einer Tagung und fuhren danach gemeinsam zum Bischofssitz. Das war der Beginn einer langen und intensiven Verbundenheit. Bonhoeffer hat in ihm eine Vaterfigur gefunden – so empfand er es jedenfalls. George Bell – ein Mann mit scharfblickenden Augen, kurzem weißem Haar, einem schmalen durchsichtigen Gesicht und etwas vorstehenden Augenbrauen – strahlte jugendliche Frische aus. Er war ein typischer Engländer: zurückhaltend, vorsichtig, nur in Andeutungen redend; auch bedacht auf sein Amt und seinen Rang. Besucher wurden von ihm sehr herzlich empfangen und mit Freundlichkeit beherbergt. Im Ernstfall war er jedoch auch bereit zur Unpopularität. So verurteilte er im Oberhaus gegen Ende des Krieges die Flächenbombardements großer deutscher Städte. In Bonhoeffer fand er einen Berater und Deuter der Vorgänge in der Evangelischen Kirche. Vom Ausland aus waren diese deutschen Erscheinungen kaum zu verstehen, denn die Anglikanische Kirche enthält im eigenen Bereich die verschiedensten theologischen und wohl auch politischen Richtungen. Bonhoeffer hat den Bischof laufend informiert und ihn bei Reden oder Briefen an die „Times“ unterstützt. Dieser nahm den Rat des Jüngeren gern an, wollte aber selbst unabhängig bleiben. Er hatte eine einfältige Frömmigkeit, aus der heraus er bereit war, eigene Interessen zurückzustellen. Sein Ziel in der ökumenischen Politik: die Einheit des Volkes Christi herbeizuführen und die Herrschaft Christi auf alle Gebiete des Lebens auszudehnen.

George Bell urteilte über Bonhoeffer so: „Von ihm – mehr als von jedem anderen – lernte ich den wahren Charakter des Kirchenkonflikts kennen. Er war kristallklar in seiner Überzeugung. Er sah die Wahrheit und teilte sie jedem ohne Furcht mit.“

1934 war George Bell weltweit bekannt geworden durch die Himmelfahrtsbotschaft, in der er im Auftrag des Ökumenischen Rates zur Lage in der deutschen Kirche Stellung nahm. Darin heißt es: „Den Hauptgrund der Sorge und Beunruhigung bildet die durch den Reichsbischof im Namen des Führerprinzips autokratisch ausgeübte, weder durch konstitutionelle noch durch traditionelle Begrenzungen eingeschränkte Machtanwendung, die beispiellos in der gesamten Geschichte der Kirche ist. Diese autokratische Machtanwendung hat ihre zerstörenden Auswirkungen auf die innere Einheit der Kirche gehabt, und die Disziplinarmaßnahmen, die von der Kirchenregierung gegen die Diener des Evangeliums wegen ihrer Treue gegenüber den grundlegenden Prinzipien der christlichen Wahrheit ergriffen wurden, haben einen schmerzlichen Eindruck auf die Christenheit in aller Welt gemacht, die schon durch die Einführung von trennenden Rassenunterschieden in der universalen Bruderschaft der christlichen Kirche beunruhigt worden ist. Es ist nicht zu verwundern, daß Stimmen in Deutschland ... in feierlicher Erklärung vor der gesamten christlichen Welt auf die Gefahren hinweisen, denen das geistliche Leben der evangelischen Kirche ausgesetzt ist.“

Bereits im Januar 1934 hatte George Bell bei Reichsbischof Ludwig Müller und bei Reichspräsident von Hindenburg wegen der Krise in der deutschen Kirche persönlich interveniert. Daraufhin war Bischof Theodor Heckel – Leiter des Kirchlichen Außenamtes – im Februar 1934 nach England gereist und hatte versucht zu erreichen, daß sich der Bischof von Chichester nicht in die deutschen Angelegenheiten einmischte. Dieser lehnte das ab. Auch beanspruchte er seine Zuständigkeit für alle Fragen der Ökumene. Die

Auseinandersetzungen gingen weiter. Zuletzt beschlossen die deutschen Auslandspfarrer in England, die Deutsche Evangelische Kirche nicht mehr anzuerkennen. Ohne Bonhoeffers Anwesenheit in England wäre es nie zu diesem „Aufstand“ gekommen.

Ich war inzwischen längst wieder in Berlin. Das Wintersemester 1933/1934 war mein letztes. Danach ging es an das Erste Theologische Examen. Zusammen mit Klaus Block bereitete ich mich auf die einzelnen Fächer vor, denn mit dem Hören von Vorlesungen erreicht man ja noch lange nicht das notwendige Examenswissen mit der genauen Kenntnis von den einzelnen biblischen Büchern, dem genauen Wortlaut wichtiger Bibelstellen, dem exakten Ablauf der Kirchengeschichte, dem systematischen Aufbau der gesamten Dogmatik, den verschiedenen Aspekten der Praktischen Theologie, der Pädagogik und der Diakonie. Es war ein elendes Pauken. Wir zwei haben uns monatelang gegenseitig abgefragt und so im Wissen stabilisiert. Da kam im Juli 1934 Bonhoeffer nach Berlin. Er bereitete seine Reise nach Fanø/Dänemark vor. Auf dieser kleinen Insel an der Westküste Jütlands sollte am 24. August 1934 eine Konferenz des Weltrates für Praktisches Christentum stattfinden und gleichzeitig eine internationale Jugendkonferenz, die Bonhoeffer als einer der drei Sekretäre zu leiten hatte. Als solcher konnte er an der Hauptkonferenz teilnehmen und hatte dort auch Rederecht. Er wollte zehn Studenten aus Berlin mitnehmen. Ich hatte keine Lust mitzufahren. Einmal interessierte mich eine internationale Kirchenkonferenz nicht allzusehr, andererseits hatte ich gerade mühsam meine Examensarbeit über Melanchthons „Loci communes“ fertiggestellt und hatte bis zum Examen in voraussichtlich vier Monaten nur wenig Zeit zum Bewältigen des Lernstoffes. Bonhoeffer bat mich um einen Durchschlag meiner Examensarbeit, die er auf der Reise nach Fanø lesen wollte. Als er wieder nach Berlin zurückkam, fragte ich ihn danach; da erschrak er mächtig und erklärte etwas bedrückt, er habe den Text nicht gelesen und den Durchschlag im Hotel in Fanø liegenlassen. Mit Tatsachen muß man sich eben abfinden.

Der eigentliche Höhepunkt dieser Konferenz ereignete sich fast zufällig. Bonhoeffer hatte am 28. August die Morgenandacht in der Hauptkonferenz zu halten. Die Studenten durften an der Tür stehen und so die Ausführungen mit anhören. Bonhoeffer hatte als Text Psalm 85,9 gewählt und sprach darüber, daß Friede auf Erden

Gottes Gebot sei. Dabei wies er mit aller Entschiedenheit darauf hin, daß es keinen Weg zum Frieden über die Sicherheit gäbe. Frieden muß gewagt werden. Sicherung erfolgt immer aufgrund von Mißtrauen, und Mißtrauen wiederum gebiert Krieg. Friede dagegen basiert auf Vertrauen. Atemlose Spannung lag bei diesen Ausführungen über der Konferenz. Professor Arthur Titius – Mitglied der offiziellen deutschen Delegation – war so erbost über die Worte, daß er wütend mit der Faust drohte. Und ein englischer Delegierter ärgerte sich über das mangelnde Augenmaß eines Theologen für die Wirklichkeit.

Bonhoeffer hat in Fanø viele seiner Schüler getroffen. Er vergnügte sich mit ihnen am Strand und badete in der stürmischen Nordsee, hörte von den Nöten in anderen Ländern und diskutierte auch aktuelle Fragen. Die Konferenz hat er offenbar nicht allzu ernst genommen: Ein behäbiger orthodoxer Bischof hielt auf der Konferenz eine langatmige Rede. Da reichte Bonhoeffer den Studenten einen Zettel mit den Worten von Christian Morgenstern: „Ein dickes Kreuz auf dickem Bauch, wer spürte nicht der Gottheit Hauch."

Ganz anders die Begegnung mit einem schwedischen Studenten, der ihn fragte: „Was würden Sie tun, wenn es Krieg gibt?" Bonhoeffer spielte mit den Händen im Sand und überlegte lange. Dann sagte er: „Ich hoffe, daß Gott mir die Kraft gibt, nicht zu den Waffen zu greifen." Was diese Antwort bedeutete, verstand jeder sofort, denn Kriegsdienstverweigerung wurde mit dem Tod bestraft.

Bischof Heckel – Leiter des Kirchlichen Außenamtes in Berlin – war offiziell der Vorgesetzte der Londoner Pfarrer, also auch Bonhoeffers. Er forderte Bonhoeffer in Fanø auf, sofort London zu verlassen und nach Deutschland zurückzukehren, wo er disziplinarisch greifbar war. Bonhoeffer lehnte das ab. Er war zum Widerstand gegen dieses Kirchenregime entschlossen.

Bei der Rückreise aus Fanø mußte die deutsche Studentengruppe auf dem dänischen Grenzbahnhof umsteigen. Der Zug nach Hamburg stand auf dem gegenüberliegenden Gleis. Die Studenten gingen einfach über die Gleise dorthin, Bonhoeffer dagegen wählte den offiziell vorgeschriebenen weiten Umweg über eine Holzbrücke. Danach zeigte er deutlich sein Mißfallen darüber, daß die Studenten eine sinnvolle Regelung mißachtet hatten. Er konnte eine Verletzung der Ordnung schlecht vertragen.

Im März 1934 waren von der Reichskirchenregierung alle Predigerseminare vorübergehend geschlossen worden. Sie sollten neu geordnet werden. Das Theologische Examen sollte nur noch unter Vorlage des Ariernachweises absolviert werden können. Diese Pläne bewogen die Bekennende Kirche, eine eigene Ausbildung der Theologen vorzubereiten. Es wurden Kirchliche Hochschulen anstelle der Universitäten geplant, dazu eigene Prüfungen und eigene Predigerseminare – alles unabhängig von der offiziellen Kirche, finanziert durch freiwillige Spenden. Es war klar, daß die so ausgebildeten Kandidaten weder von der Kirche noch vom Staat anerkannt werden würden. Sie waren demnach „illegal" – also unrechtmäßig und ungeschützt im Amt. Gerhard Jacobi und Franz Hildebrandt – der inzwischen wieder in Berlin war – hatten den Plan, Bonhoeffer mit der Leitung eines dieser Predigerseminare zu betrauen. Zuerst stieß der Vorschlag auf Widerstand bei der Leitung der Bekennenden Kirche. Bonhoeffer war ja noch nicht einmal 30 Jahre alt. Doch gegen Ende des Jahres 1934 einigten sich alle darauf, ihn in ein derartiges Amt zu berufen.

Bonhoeffer sagte zu, wollte aber erst im Frühjahr 1935 die Arbeit beginnen. Er bereitete sich gewissenhaft auf die neue Aufgabe vor, wenn er auch traurig darüber war, daß er eine Einladung Gandhis nach Indien deshalb nicht realisieren konnte. Mit seinem Kollegen Julius Rieger reiste er im März 1935 zu den wichtigsten anglikanischen „Klöstern", um zu erkunden, wie dort der Tagesablauf gestaltet ist und welche praktischen Methoden zur Schulung der Theologen angewendet werden. Drei Orte waren zu besuchen: Kelham, Mirfield und Oxford. Den Unterschied dieser drei Häuser hat man humorvoll so charakterisiert: In Oxford ist der Tabak verpönt, sein Genuß verboten. In Mirfield darf man rauchen. In Kelham muß man rauchen. Als Erkenntnis aus dieser Rundreise ergab sich für Bonhoeffer: Das regelmäßige Stundengebet hat eine konstitutive Bedeutung für eine christliche Gemeinschaft, also für das „devotional life" – die praktizierte Frömmigkeit. Neben der wissenschaftlichen Beschäftigung mit der Bibel muß die meditative Versenkung in einen Text stehen. Die geheime Kraft des Schweigens wird als ein wichtiger Bestandteil der Ordnung angesehen. Da diese englischen Klöster freiheitlich konzipiert sind, haben auch Fußball und Tennis einen festen Platz in ihrem Programm. Einen Monat lang sind Rieger und Bonhoeffer in den Klöstern gewesen. Mit den Erfahrungen aus diesen Begegnungen hat Bonhoeffer dann sein neues Amt als Direktor eines Predigerseminars der Bekennenden Kirche angetreten. Ab jetzt gehörte auch er zu den Illegalen.

Im November 1934 bekam ich vom Prüfungsamt der Bekennenden Kirche die Anfrage, ob ich bereit wäre, an der Ersten Theologischen Prüfung teilzunehmen. Diese Perspektive war für mich neu; ich wußte überhaupt nicht, was das bedeuten könnte. Ich hatte zwar gerade in der Superintendentur meines Vaters erlebt, wie rigoros die neuen Machthaber ihre Personalpolitik durchsetzten und unerwünschte Amtsträger kaltstellten, dennoch war die Perspektive des „Aussteigens" aus der gesamten Maschinerie der offiziellen und gesellschaftlich anerkannten Kirche etwas erschreckend. Zum Glück kannte ich Konsistorialrat Martin Kegel im Konsistorium, den ich um Rat fragen konnte. Dieser gab mir gegenüber unumwunden zu, daß er das Schlimmste von den neuen Männern in der Kirche erwartete. So war ich bereit, am 18. Dezember 1934 zusammen mit zehn weiteren Kandidaten die erste illegale Prüfung bei der Bekennenden Kirche abzulegen.

Ab 1935 gab es nun diese „Illegalen". Was das tatsächlich bedeutete, lernten wir, als wir erfuhren, daß wir überhaupt nur unter dem Schutz eines festangestellten Pfarrers, der zur Bekennenden Kirche gehörte, amtieren konnten. Was uns außerdem noch bevorstand, erläuterte mir ein Schreiben des Konsistoriums vom 11. Mai 1935: „Prüfungen, die ... von anderen als den ... legalen ... Prüfungskommissionen abgenommen werden, sind für unsere Kirche ohne rechtliche Bedeutung. Eine Anwartschaft auf Anstellung ... haben solche Kandidaten nicht, auch nicht auf Ordination." Also kein Gehalt, kein Rechtsschutz, keine Arbeitsmöglichkeit, keine Pensionsberechtigung, keine öffentliche Akzeptanz.

Die Illegalen lebten von Spenden; auch der Organisationsapparat der Bekennenden Kirche wurde so finanziert. Das bedeutete: nur ein minimales monatliches Taschengeld, mit dem niemals eine Familie zu ernähren gewesen wäre. Im Laufe der Zeit ergab sich folgende Regelung: 120 Reichsmark monatlich für Unverheiratete, 220 Reichsmark für Verheiratete. Allerdings war es oft nicht sicher, daß wir dieses Geld überhaupt erhielten.

Bald schon wurden unbequeme Pfarrer aus ihren Gemeinden ausgewiesen, erhielten Redeverbot oder wurden „aus politischen Gründen" angeklagt beziehungsweise in Haft genommen. Meist bedeutete das auch Gehaltssperre. In solchen Fällen sprang dann der Notbund ein.

Martin Niemöller hatte 1933 zusammen mit einigen anderen Theologen, darunter Franz Hildebrandt und Dietrich Bonhoeffer, den Pfarrernotbund gegründet, um gefährdeten Pfarrern einen Rückhalt geben zu können. Die Verpflichtung der Mitglieder enthielt folgende Bedingungen: das Bekenntnis zu achten, die Rassengesetze nicht zu befolgen und etwa zehn Prozent ihres Gehalts in eine Kasse zu zahlen, aus der dann disziplinierte Pfarrer unterstützt werden konnten.

Für die Illegalen war das eine Zeit neuer Erfahrungen. So etwas hatte es in der Geschichte des deutschen Protestantismus noch nicht gegeben: Theologen ohne jeden amtlichen Schutz. Wer in einer derartigen Unsicherheit leben muß, lernt Gottes Bewahrung und menschliche Hilfe in besonderer Weise kennen. Darüber hinaus bekommt aber auch die biblische Botschaft in solch einer Lage eine ungewöhnliche Kraft. Je weniger Sicherungen der Mensch für sein eigenes Leben hat, desto stärker achtet er auf das, was ihm von der Bibel vermittelt wird. Denn: „Gott will ein Helfer sein." Wenn jede Selbst-Sicherung ausfällt, erweist sich erst Gottes Stärke. Daher spielten die „Losungen" – die täglichen Bibelworte, welche die Brüdergemeine ausgewählt hatte – eine entscheidende Rolle. Eigentlich haben wir diese Zeit als eine große Befreiung erlebt, weil wir weder für die staatlichen noch für die kirchlichen Fehlleistungen mitverantwortlich waren.

Das Jahr 1936 wurde für die Bekennende Kirche ein Entscheidungsjahr. Bis dahin hatte sie gemeint, der Kirchenkampf sei eine innerkirchliche Angelegenheit. Die Obrigkeit – also die Staatsmacht – wurde immer noch als „göttliche Anordnung" angesehen und stand damit außerhalb kritischer Reaktionen. Diese Ansicht mußte aufgegeben werden, als klar wurde, daß Menschen bewußt ausgegrenzt, verfolgt und vernichtet wurden und als Rassenverfolgung geschah. Solch ein Staat konnte nicht mehr „göttliche Anordnung" sein. Hier war Rebellion gegen Gott. Und darauf mußte eine rechte Kirche reagieren. Damals dachten wir bipolar, also im Schema: richtig - falsch, gut - böse, erlaubt - verboten. So wurde aus der „von Gott gesetzten Obrigkeit" eine „satanische Größe, ein Werkzeug des Antichristen". Am 4. Juni 1936 übergab die Leitung der Bekennenden Kirche eine Denkschrift an den Führer mit klaren Anklagen gegen offensichtliches Unrecht. Darin steht der Satz: „In Deutschland, das sich selbst als Rechtsstaat bezeichnet, (gibt es) immer noch Konzentrationslager und Maßnahmen der Gestapo, die jeder richterlichen Nachprüfung entzogen sind."

Vom Staat kam keine Reaktion. Das war vor allem darauf zurückzuführen, daß Anfang August die Olympiade in Berlin eröffnet werden sollte. Den Ausländern sollte das Bild eines demokratisch offenen Staates vermittelt werden. Daß das nur eine vorübergehende Phase sein sollte, erlebte Bonhoeffer bald. Die Bekennende Kirche hatte für diese Tage Vorträge angesetzt, um ausländische Interessenten genauer informieren zu können.

Bonhoeffer sprach am 5. August über das Leben der Evangelischen Kirche. Damals sah er in einer Buchhandlung ein Schild mit dem Text: „Nach der Olympiade hau'n wir die Bekennende Kirche (BK) zu Marmelade, dann schmeißen wir die Juden raus, dann ist die BK aus." – Das war ein erstes Zeichen dafür, daß sehr bald mit einem rigorosen Vorgehen der Staatsmacht gegen die Oppositions-Kirche zu rechnen sei.

Im Januar 1935 hatte ich mein Vikariat in Fehrbellin begonnen und mußte erfahren, daß viele Gemeindeglieder mit „Illegalen" nichts zu tun haben wollten. Da ich krank wurde, endete diese Zeit im Juni; ab September hatte ich einen aus seinem Pfarramt ausgewiesenen Pfarrer in Finkenkrug/Brieselang zu vertreten. Dabei habe ich zum ersten Mal erlebt, wieviel Hilfe ein Illegaler empfangen kann. Ab Dezember 1935 wurde ich von der Leitung der Bekennenden Kirche nach Berlin-Marienfelde geschickt, um dort eine Bekennende Gemeinde zu sammeln, denn der amtierende Pfarrer war ein überzeugter „Deutscher Christ". Ich hatte also gegen ihn zu arbeiten.

Einmal habe ich ihn besucht. Er war etwas erschreckt und wußte nicht, wie er mich behandeln sollte. Naturgemäß kam es zu keiner Verständigung. Die Zusammenkünfte unserer Gemeinde konnten nur in Wohnzimmern und, wenn möglich, auch in Räumen von Lokalen, die sonntags vormittags nicht benutzt wurden, durchgeführt werden.

Im April 1936 wurde ich in das Predigerseminar nach Naumburg am Queis eingewiesen. Dagegen protestierte ich und bekam die Genehmigung, nach Finkenwalde bei Stettin in Bonhoeffers Predigerseminar zu gehen. Ende April war es dann soweit. Mein Freund Klaus Block gehörte ebenfalls zu den 23 Kandidaten, die für den dritten Kursus dorthin geschickt worden waren.

Die Seminararbeit war im Frühjahr 1935 in Zingst an der Ostsee begonnen worden, mußte jedoch bald nach Finkenwalde, in der Nähe von Stettin, verlegt werden. Das Seminargebäude dort war ein altes, ziemlich verkommenes Schulhaus. Der erste Kursus hatte noch erhebliche Aufräumarbeiten zu leisten. Auch hatte es einige Mühe gekostet, die benötigten Einrichtungsgegenstände zusammenzubetteln – bei pommerschen Gemeinden oder Gutsbesitzern, die sich gerade in Hinterpommern mit der Bekennenden Kirche solidarisch wußten. Viele waren vom Pietismus des vorigen Jahrhunderts geprägt, hatten eine konservative Grundhaltung und sahen mit Entsetzen, wie die neuen politischen Machthaber die bewährten Grundlagen des Lebens zerstörten. Ihre Sympathie galt uneingeschränkt dem Seminar, das für sie ein Zeichen des Widerstandes gegen die gottlosen Machthaber war. Sie haben viel geholfen, auch mit Lebensmitteln und Geld.

Das Haus – langgestreckt und zweistöckig – hatte im Erdgeschoß eine Eingangshalle, einen Speisesaal, den Tagungsraum für den Unterricht, einen Arbeitsraum sowie die Küche nebst Nebengelaß. An der linken Seite war ein Neubau angebracht, in dem sich die meisten Zimmer der Kandidaten, aber auch besondere Räume der Mitglieder des Bruderhauses befanden, die dort – was unseren Neid erregte – auch schliefen und ihre Waschgelegenheit hatten. Auf der rechten Außenseite lagen neben weiteren Räumen jeweils zwei kleine Zimmer für den Direktor (so der offizielle Titel) und für den Inspektor Willi Rott. Zwischen beiden Seiten lang hingezogen direkt unter dem Dach eine große Halle mit Feldbetten, unsere Schlafstätte. Davor für jeden ein Spind für seine Sachen, außerdem einige Waschgelegenheiten.

Die Turnhalle im Neubau war in eine Kapelle umgewandelt worden mit dem griechischen Wort „hapax“ (einmal und endgültig) an der Stirnseite. Hinter dem Haus ein weiter Garten, in dem uns als erstes die große Tischtennisplatte auffiel. Sie stellte sich als eine der wichtigsten Requisiten für die Freizeitbeschäftigung heraus. Allerdings mußten wir sehr bald erkennen, daß es fast unmöglich war, Bonhoeffer dabei zu schlagen. Zum Glück spielte er nicht allzu oft. Ganz in der Nähe gab es einen Fluß und einen See, die zu Spaziergängen einluden.

Die Zimmer für die Kandidaten – etwa acht Räume für jeweils drei Personen – waren sehr einfach möbliert: ein Tisch, ein Stuhl und ein kleines Regal für die eigenen Bücher. Zusammen mit mir bewohnten das Zimmer Götz Grosch aus Berlin und Otto Karl Lerche aus der sächsischen Provinzkirche.

Die Abgeschiedenheit in dem kleinen Dorf bedrückte uns in keiner Weise. Wir hatten keine Zeitung, hörten kein Radio (irgendwo im Haus gab es eins für alle Fälle), benutzten auch nicht das Telefon. Von der Olympiade im August 1936 – dem internationalen Ereignis – haben wir überhaupt nichts mitbekommen. Der Auto-Dienst war eine angenehme Abwechslung. Besucher mußten von Stettin abgeholt werden, Material mußte besorgt, Bonhoeffer gelegentlich auch nach Stettin gefahren werden. Außerdem wurde auf diese Weise der Kontakt zum Pommerschen Bruderrat aufrechterhalten.

Gleichsam als Ausgleich zu den vielen Fachgesprächen war für den Sonntagnachmittag ein Vorlese-Termin angesetzt worden. Da sollte „Literatur" vorgestellt werden, also nichts Fachspezifisches. Dazu gehörte dann etwa von Jung-Stilling „Die abendländische Christenheit im Gericht der Verstockung" oder von Jean Paul die „Rede des toten Christus vom Weltgebäude herab, daß kein Gott sei". Doch auch klassische Texte von Kierkegaard oder von dem französischen Katholiken Ernest Hello. Ich hatte aus Berlin von Johann Christoph Blumhardt die „Krankheitsgeschichte der Gottliebin Dittus in Möttlingen" mitgebracht, ein amtlicher Bericht dieses Pfarrers an seine Oberbehörde über Erscheinungen von Besessenheit und über Geisterbeschwörungen. Bonhoeffer war von diesem Text betroffen und beunruhigt. Er verehrte zwar den Autor als einen engagierten Seelsorger, doch diesen Bericht wollte er lieber in die Psychiatrie verweisen.

Wir alle hatten im Haus Pflichten zu erfüllen, also mitzuhelfen bei der Erledigung der alltäglichen Aufgaben. Dabei passierte es mir, daß ich beim Aufräumen in Bonhoeffers Zimmer eine Ikone, die er sehr schätzte, von der Wand stieß. Sie fiel zu Boden, und verschiedene Farbstücke blätterten ab. Sie sah entsetzlich aus, und ich befürchtete einen erschütterten Bonhoeffer. Doch er sah das Unglück gelassen an und sagte nur: „Das kann passieren, nehmen Sie es nicht so tragisch, mit Tatsachen muß man sich abfinden." Ein Seminarist hat dann in stundenlanger Kleinarbeit versucht, Stück für Stück wieder anzukleben. Es ist auch fast gelungen.

Für die hauswirtschaftlichen Aufgaben gab es eine Hausdame, Frau Erna Struwe. Ihr Sohn war in der Hitlerjugend und erschien manchmal im Haus in „Uniform". Wir waren erschreckt. Doch Bonhoeffer kam das gerade recht, weil er so öffentlich dokumentieren konnte, daß hier kein Widerstandsnest war.

Als wir in Finkenwalde ankamen, wunderten wir uns, daß schon einige Ältere dort wohnten und sich als „Mentoren" unserer annahmen. Es waren sechs Kandidaten, die nach Ende der ersten beiden Kurse dort geblieben waren und mit Bonhoeffer zusammen das „Bruderhaus" bildeten, eine Gemeinschaft mit täglichen Zusammenkünften und gemeinsamem Besitz, was vor allem Bonhoeffer betraf, doch auch die Einnahmen der übrigen Mitglieder flossen in die Gemeinschaftskasse. Zu unserer Orientierung wurde uns berichtet, wie ein Kandidat des ersten Kurses mit dem Motorrad ankam und den ersten, dem er begegnete, fragte: „Wo kann ich den Herrn Direktor treffen?" Die schroffe Antwort: „Hier gibt's keinen Direktor, nur den Bruder Bonhoeffer." Dieser kam sofort aus dem Haus, begrüßte den Neuen herzlich und sagte: „Willkommen in unserer Bruderschaft."

Am ersten Abend nach dem Essen wurden wir in die Gepflogenheiten des Hauses eingeführt. Zuerst der Tagesablauf:

6.55 Uhr Aufstehen, Schweigen
7.30 Uhr Andacht, Dauer etwa 30 Minuten;
Aufräumen, danach Frühstück
8.30 Uhr Meditationszeit
9.00 Uhr Übersetzung des griechischen Neuen Testaments
9.30–12.30 Uhr Vorlesungen, Übungen
12.30 Uhr Singen (Leitung: Eberhard Bethge)
13.00 Uhr Mittagessen; danach Freizeit
15.30 Uhr Nachmittagskaffee; danach eigenes Arbeiten
18.00 Uhr gelegentlich Behandlung von Bibelstellen
19.00 Uhr Abendessen; danach Ablauf je nach Planung
21.45 Uhr Abendandacht, Dauer 30 Minuten
22.15–23.30 Uhr Stille Zeit (Schweigen).

Die Morgen- und Abendandachten wurden liturgisch gestaltet; eine Ansprache war dabei nicht vorgesehen. Die äußere Form war bewußt als eine Art Einübung im Glauben gedacht: Ein Psalm wurde im Wechsel gelesen, immer der Reihenfolge nach von Psalm 1 bis Psalm 150. Dann ein Lied, meist für eine Woche gültig. Die alttestamentliche Lesung, ein Liedvers, die neutestamentliche Lesung, Gebet, Lied – all das konnte in der Menge des Angebotenen nicht einzeln aufgenommen werden, es wirkte eigentlich aus der Zusammenstellung heraus, also einfach aus dem Ablauf der verschiedenen

Texte, die dargeboten wurden. Das schlichte Hören morgens und abends setzte sich – fast unbemerkt – in Aussage und Erkenntnis um.

Überhaupt war es etwas Neues für uns, daß wir mit dem Bibelwort konfrontiert wurden, ohne daß wir einzelnes dabei bedenken konnten. Dahinter stand Bonhoeffers Erkenntnis, daß das Wort sich selbst predigt, sich selbst auslegt, sich selbst als mächtig erweist.

Schließlich noch einige Verhaltenshinweise: Sonntags keine Schreibtischarbeit, abends: Gesellschaftsspiele, Vorlesen, auch Diskussionen zu aktuellen Problemen; in der Küche sollte beim Abwasch geholfen werden; schon vorher hatten wir gehört, daß beim ersten Kurs sich zu dieser Aufgabe zuerst keiner gemeldet hatte. Da sei Bonhoeffer mit Gerhard Vibrans wortlos aufgestanden, in die Küche gegangen und habe danach niemanden mehr hineingelassen. Zusammen mit Vibrans hat er selbst alles abgewaschen. Das hatte gewirkt. Ähnlich war es auch mit dem Bettenmachen gegangen. Da Bonhoeffer täglich einmal durchs Haus ging, hatte er selbst verwühlte Betten in Ordnung gebracht und so dem Inhaber gezeigt, wie es sein sollte. Derartiges ist dann nie wieder vorgekommen. Hinter diesem ganzen Programm stand die Idee der Einübung oder des Exerzitiums. Wir sollten Gemeinschaft lernen, Zucht üben und uns – mit Hilfe von bestimmten Verhaltensmustern – auf den „christlichen Habitus“ (wie ihn Bonhoeffer im Berliner Seminar angedeutet hatte) vorbereiten.

Bonhoeffer hatte seine eigenen Bücher mitgebracht, auch seinen Flügel. Ein anderer war gespendet worden. Bald schon erlebten wir ihn, wie er am Klavier improvisierte. Da brach dann etwas Naturhaftes, Urwüchsiges aus ihm hervor. Da waren Wille und Energie. Er saß manchmal nicht gerade vor dem Flügel, sondern quer nach rechts – etwas hingehauen. Er spielte hart, fast hämmernd und laut, und plötzlich brach er dann ab – ein Schlußstrich wurde unter ein Experiment gesetzt.

Bonhoeffer konnte ruhelos wirken; er arbeitete schnell und intensiv, er schaffte in drei Stunden, wozu andere Tage brauchten. Er ließ sich nur ungern beim Spielen oder bei Wettbewerben schlagen, hatte ständig Arzneien und Salben bereit, Schlafmittel hielt er nicht für ungesund – so wirkte er fast wie ein Übermensch. Offenbar wußte er das, denn er setzte alle seine Kraft daran, dieses Bild durch eine besondere Verbundenheit mit den Seminaristen aufzuheben. Er wollte Hausvater, Lehrer, Erzieher und Kamerad in einer Person sein. Alle Kandidaten waren von ihm begeistert.

Diese geistlich bestimmte Gemeinschaft sollte nicht durch irgendeine Saloppheit unterlaufen werden. Das fing bei Bonhoeffer selbst an. Er wehrte jeden Versuch der Anbiederung energisch ab und ließ – was den Kandidaten am Anfang besonders auffiel – selten unmittelbare Wärme spüren. Wenn er jedoch direkt gefordert war, dann hatte er Zeit und widmete sich ganz dem Gefährdeten.

Die Lage der Kandidaten in Finkenwalde war naturgemäß kritisch. Das normale Leben direkt neben dem Seminar mit seinen Unterhaltungsangeboten lockte nach dem anfänglichen „Kloster-Schock" manche in die Versuchung. Die Auswirkungen zeigten sich in jedem Kursus. Einige brachen aus und suchten ihr eigenes Vergnügen. Die andere Versuchung: Als ein Angebot zum Überwechseln (ohne Nachprüfung) in die offizielle Kirche kam, ergriff der eine oder andere doch diese Chance, der strengen Zucht und der materiellen Unsicherheit zu entfliehen.

Fast in jedem Kurs wurde auch zur Entspannung und Ermunterung für einige Tage ein Ausflug an die Ostsee gemacht. Misdroy war leicht zu erreichen. Auch dann geschah es, daß einige ausbrachen, was immer zu längeren Gesprächen über solch ein Verhalten führte. Bonhoeffer war in Anwesenheit von Frauen sehr schamhaft. Als Joachim Kanitz und Albrecht Schönherr einmal mit ihren Bräuten am Strand erschienen, hüllte er sich fest in seinen Bademantel. Schon vorher hatten beide einmal Anstoß erregt, als sie zu Pfingsten (das war noch in Zingst) mit ihnen tanzen gegangen waren. Bonhoeffer erklärte ihnen danach, daß das Gemeinschaftsleben total sei, außerdem sei dieses Verhalten eine Zumutung für die anderen Kandidaten.

Die straffe Ordnung des Tagesablaufs hat uns zuerst stark belastet. Es war soviel „Muß" darin. Wir kamen aus einem lockeren Leben; jetzt war es fast wie in einer Kaserne. „Zucht" war für uns etwas Fremdes, gehörte in einen anderen Lebensbereich. Bonhoeffer wußte jedoch: Das Miteinander im Schlafsaal, im Waschraum, im Kolleg und in der Freizeit – das muß Schwierigkeiten hervorrufen. Dagegen hilft nur eine Regelung, welche die Gefahren minimalisiert. Mit Schweigen aufstehen und still zu Bett gehen – das war eine Qual. Aber der Zwang, sich selbst zurückzunehmen, war eine heilsame „Übung des Verzichtens". Dazu gehörte auch die Regel, über Abwesende nicht zu sprechen. So sollte Geschwätzigkeit gebremst werden, die Bonhoeffer so haßte. Und geschwätzig waren wir alle. Daß man Worte in sich behält und nicht rausläßt, das hatten wir noch nicht erprobt. Als wir dann später in Auseinandersetzungen mit der Polizei gerieten, waren wir froh, schon vorher den bewußten Umgang mit dem eigenen Wort gelernt zu haben.

Eine große Bewährungsprobe wurde für uns die Meditationszeit: 30 Minuten eine Woche lang den gleichen, relativ kurzen deutschen Bibeltext bedenken, ohne auf Lexikon oder Urtext zurückgreifen zu dürfen. Wir sollten uns dem Text stellen, er sollte uns erfassen. Doch das funktionierte meist nicht so richtig. Die Gedanken wanderten, Träume überfielen uns, Erinnerungen wurden wach. Bonhoeffer fand das gar nicht beunruhigend, sondern gut. Er riet uns, alles, was sich in uns meldete, anzunehmen und mit dem Text immer wieder zu konfrontieren. Bisher hatten wir die Bibel vorwiegend als das Buch für unser Predigen, Unterrichten oder als Vortragsthema benutzt; also wir hatten es als „Buch für andere" gebraucht. Jetzt aber sollte es „das Wort für uns" werden. Wir mußten das eigene Leben mit Gott in Verbindung bringen. Und das hieß: Alles, was einem durch den Kopf geht, wieder einfangen und zu Gott tragen, mit dem Satz „Gott, ich danke dir dafür, daß ...". So wurde das Eigene entmachtet und Gott unterstellt.

Das gelang zu Anfang äußerst unvollkommen. Es kam zu heftigen Protesten. Für den Sonnabend morgen wurde nun eine gemeinsame Meditationszeit eingerichtet. Da konnten wir erleben, was andere aus einem Text heraushörten. Wahrscheinlich sind viele von uns nie zu einer konzentrierten Meditation gelangt. Aber dieser Umgang mit der Bibel hatte doch eine wichtige Wirkung: Sie bekam plötzlich eine eigene Qualität, einen eigenen Stellenwert; sie ließ sich nun nicht mehr beliebig aufteilen in verschiedene Quellen und Entstehungsphasen. Sie wurde zu einer Größe mit eigenem Gewicht uns gegenüber.

Am Pfingstsonntag trafen wir uns am frühen Morgen zu einer Besinnungsstunde. Ein Text wurde gelesen, Gedanken dazu wurden geäußert. Es wurde kein Pfingsterlebnis. Wir blieben ohne spezielle Erfahrung. Bonhoeffer war wohl etwas enttäuscht darüber. Er hatte mehr erwartet. Er schloß mit Gebet. Dann murmelte er beim Hinausgehen vor sich hin: „So geht es wohl doch nicht."

Die sonnabendliche Abendandacht war immer etwas Besonderes. Da sprach Bonhoeffer über die vergangene Woche, da mahnte er und gab Weisungen für unser Verhalten, da wurde sozusagen reiner Tisch gemacht. Etwa vier Wochen nach unserer Ankunft kam es dann zu einem ganz besonderen Abend, denn am nächsten Tag sollte gemeinsam das Abendmahl gefeiert werden. Bonhoeffer sprach ernst und eindringlich. Er sagte: „So wie es jetzt ist, können wir nicht gemeinsam zum Abendmahl gehen, weil zu viel zwischen uns steht. Unfreundliche Gedanken gegeneinander, Verletzungen, Verärgerungen – das alles muß vorher bereinigt werden. Das darf nicht weiter wuchern. Es wäre gut, wenn das jetzt geklärt werden könnte." Damit entließ er uns. Wir standen etwas ratlos vor dem Haus und wußten nicht, was zu tun sei. Es war so genierlich, zum andern hinzugehen und auszupacken. Eine ziemlich lange Pause entstand. Schließlich sprach mich jemand an und sagte mir, worüber er sich bei mir richtig geärgert habe. Es kam zu einem Gespräch und zu einer Verständigung. Offenbar war es bei den anderen ähnlich. Jedenfalls redeten nun viele miteinander. Da wir jung und ungehemmt waren, wurde alles ausgesprochen, was im geheimen rumorte. Danach waren wir uns plötzlich viel näher gekommen. Es hatte keine Verbitterung gegeben, nur Entlastung. Dabei muß sicherlich bedacht werden, daß wir alle als „Illegale" ein gemeinsames Schicksal und eine gemeinsame Basis hatten. Bonhoeffer hatte uns auch so Gemeinschaft „gelehrt".

Im Hintergrund der Seminararbeit stand bei Bonhoeffer die Überzeugung, daß man sich auf den Glauben vorbereiten kann, daß man „lernen muß", bevor man glauben kann, daß man sich im Glauben üben kann. Der Glaube braucht ein Vorfeld. Das Verstehen ist nicht plötzlich da. Man muß eigene Erfahrungen machen im Umgang mit der Bibel, im Umgang mit dem Bruder, im Umgang mit Gott. Das war für uns ein ungewohnter Gedanke. Es klang etwas nach Methodismus und Glaubens-Technik. Dennoch: Wer nicht mit der Macht Gottes rechnet, wird nie etwas von ihm erfahren. Wer alles Religiöse verachtet, wird auch nie eine religiöse Erfahrung machen können. Bonhoeffer hat selbst öfter die Exerzitien von Ignatius von Loyola angewendet und das als hilfreich empfunden. Er las oft in der „Imitatio Christi" des Thomas von Kempen; das war eines seiner Erbauungsbücher. Bonhoeffer war eben in besonderer Weise Realist.

Die Praxis des Beichtens war zuerst für das Bruderhaus – also für die fünf oder sechs Brüder, die längere Zeit in Finkenwalde bleiben wollten, um auch wichtige Aufgaben außerhalb des Hauses übernehmen zu können – eingeführt worden. Joachim Kanitz berichtete einmal, wie das begann: „Bonhoeffer bat mich (es war am Abend vor unserem ersten Abendmahlsgottesdienst) auf sein Zimmer und forderte mich auf, seine Beichte entgegenzunehmen. Ich muß wohl ein sehr dummes und erschrockenes Gesicht gemacht haben, denn ich kannte das persönliche Beichten noch gar nicht. Doch aus der anfänglichen Befangenheit auf beiden Seiten wurde sehr bald ein offenes Reden und freimütiges Beten." Kanitz bestätigte, was Bonhoeffer oft belastete: „Er wurde von Traurigkeit und tiefer Anfechtung befallen, nicht so sehr fleischlicher, vor allem geistlicher Art." Zu einer förmlichen Absolution im Sinn von Luthers Beichtanweisung ist es nicht gekommen.

Diese Praxis ist weiter geübt worden. Die Erfahrung der Beteiligten: Bonhoeffer habe sich beim Anhören von Geständnissen einen gewissen Zwang auflegen müssen, aber gleichzeitig sei dabei auch eine starke Kräfteübertragung spürbar gewesen. Ich selber habe mit ihm ein längeres Gespräch über mein etwas chaotisches Leben geführt, das mit einem Gebet endete. Als mir am nächsten Tag noch einiges einfiel, was ich ihm nicht mitgeteilt hatte, war ich in Sorge und wollte noch einmal darüber sprechen. Doch er meinte abwehrend: „Vergebung ist immer total."

In diesem Zusammenhang ist wichtig, daß Bonhoeffer das Sündenschnüffeln verwarf und darauf hinweisen konnte, daß seit dem Sündenfall vieles verhüllt bleiben solle. Christus deckt die Sünden zu, konnte er sagen, und damit meinte er ernsthaft, daß das, was zugedeckt ist, zugedeckt bleiben sollte. Andererseits soll in der Beichte alles zum Vorschein kommen, damit es im Menschen nicht weiter frißt und ihn zerstört. Bonhoeffer unterschied Sünden der Schwäche und Sünden der Stärke. Er hielt die geistlichen Sünden (Hochmut, Ehrgeiz, Eitelkeit, Stolz, Besserwisserei) für viel gefährlicher als die fleischlichen Sünden. Er schreibt in einem Brief vom 8. Juli 1944 aus dem Gefängnis: „Sollten ... Goethe oder Napoleon deswegen Sünder sein, weil sie nicht immer treue Ehemänner waren? Nicht die Sünden der Schwäche, sondern die starken Sünden sind es, um die es geht." Es ist gar nicht nötig, herumzuspionieren. Die Bibel tut das nirgends. Bonhoeffer konnte gelegentlich sogar sagen, wir sollten unsere fleischlichen Sünden nicht zu ernst nehmen; wer zu intensiv über diese Seite seines Lebens nachdenkt, der verfängt sich in sich selbst. Der Mensch soll Christus vertrauen, der alle Sünden getragen hat. Allerdings war er auch der Meinung, daß – so erläuterte er einmal – in der Ehe alles erlaubt sei, außerhalb jedoch gar nichts.

Bonhoeffer war oft beunruhigt wegen seiner Überlegenheit und seiner Einflußstärke. Das war die Anfechtung des Starken, der Macht besitzt. Dann war er bereit, alles abzubrechen, was er gerade erfolgreich unternommen hatte. Der Intellekt gewann eine gefährliche Überlegenheit gegenüber dem Glauben. Er ließ sich jedoch von einem Bruder zu Einfalt und Dienst zurückrufen. Er selbst hat Anfechtung einmal so beschrieben (Brief an die Eltern vom 15. Mai 1943 aus dem Gefängnis): „Ganz ohne jeden erkennbaren physischen oder psychischen Grund rüttelt es plötzlich an dem Frieden und an der Gelassenheit, die einen trug, und das Herz wird – wie es bei Jeremia sehr bezeichnend heißt – das trotzige und verzagte Ding, das man nicht ergründen kann. Man empfindet das wirklich als einen Einbruch von außen, als böse Mächte, die einem das Entscheidende rauben wollen ... Aber auch diese Erfahrungen sind wohl gut und nötig, man lernt das menschliche Leben besser verstehen." Im Seminar hat Bonhoeffer in der Übung über „Seelsorge" etwas zur Anfechtung gesagt: „Die Anfechtung zielt immer auf den Glauben. Er soll uns entrissen werden. Anfechtung wird langsam und schleichend erfahren. Eines Tages stellen wir einen unlebendigen Glauben fest. Wir merken, daß Gott nicht mehr wichtig ist. Anfechtung kann so erlebt werden: Der Teufel überfällt uns plötzlich, unerwartet, in einer sicheren Stunde, mit großer Gewalt. Es gibt viele Formen, wie das geschehen kann: übermäßiges Anfeuern unseres Fleisches und unserer Leidenschaften, Ruhmsucht und Eitelkeit, Machtgelüste, Geschlechtslust. Dann geht der Glaube ans Kreuz Christi verloren; uns ist der Anblick des gedemütigten und gemarterten Leibes Christi entschwunden. Der Teufel weiß, daß er uns die klare Erkenntnisfähigkeit rauben und uns umnebeln muß. Es fällt dem Menschen dann schwer, das Böse zu erkennen. Der Teufel bestätigt dem Angefochtenen, daß keine Sünde sei, was er gerade jetzt tut. Der Teufel nimmt die Vernunft gefangen und löst sie aus dem Gehorsam gegenüber Christus. Dem Linsengericht der Lust wird unsere Seele ausgeliefert. Wir erkennen nicht mehr, was wir tun. Die Folge davon ist Traurigkeit (eine der sieben Todsünden). Dunkelheit schiebt sich zwischen Mensch und Gott. Es entstehen Zweifel am Dasein Gottes. Gott geht verloren. Eine besondere Gefahr liegt darin, daß sich diese Traurigkeit so ernsthaft zeigt und der göttlichen Traurigkeit so nahe liegt. Uns wird vorgespielt, wir seien jetzt besonders fromm. Doch der Teufel zerstört so letztlich den Glauben an das Heil." In der Seminarzeit habe ich mich oft darüber gewundert, wie gut Bonhoeffer in der religiösen Psychologie Bescheid wußte. Er konnte die Irrungen der Seele in ihren Verästelungen nachzeichnen und die verschiedenen Stadien des Glaubens oder des Unglaubens deutlich aufspüren.

Das Wort „Exerzitium“ ist ein katholischer Begriff; er erinnert an Zwangsverpflichtung. Bonhoeffer hat sich viele Exerzitien auferlegt. Er hat sich mit Schweigen und Meditation „zubereitet“. Aber er konnte auch plötzlich alle Regeln beiseite schieben und mit seinen Seminaristen an die Ostsee fahren oder selbst verreisen. „Übung ist kein Muß, sondern Hilfe zur eigenen Befreiung. Gott braucht Raum, um bei uns wohnen zu können. Wer selbst überfüllt ist im inneren und im äußeren Leben, der wird Gott keinen Raum bereitstellen können.“ „Niemand erfährt das Geheimnis der Freiheit, es sei denn durch Zucht“, hat Bonhoeffer in den „Stationen auf dem Wege zur Freiheit“ festgestellt. In diesem Zusammenhang ist auch sein Interesse am Jakobusbrief und am 119. Psalm zu sehen. Dort geht es um, wie er sagte, die „Liebe zum Gesetz“; er hielt es für äußerst wichtig, daß das Leben eines Christen einer geistlichen Zucht unterstellt wird.

Hierher gehört Bonhoeffers Drängen auf Beachtung der Arkan-Disziplin (Geheimwissen). Bei den Israeliten gab es Wahrheiten, die nur den Eingeweihten mitgeteilt werden durften. Dazu gehörte: das Wesen Gottes, seine Schöpfung und seine Weltvollendung. Wer nur aus Neugier oder aus Mißtrauen heraus etwas von den Geheimnissen Gottes erfahren will, dem sollten sie nicht zugänglich gemacht werden. Das Neue Testament verfährt ähnlich. Es erzählt Geschichten aus dem Leben Jesu, aber es vermittelt keine Theologie (Deutung) dazu. Das geschieht erst in den Briefen der Apostel, die auch vorwiegend für Eingeweihte geschrieben waren. Der Mensch kommt nur schrittweise zur Glaubenserkenntnis. Wenn er zuerst mit dem größten Geheimnis konfrontiert würde, dann müßte ihm das völlig absurd vorkommen. Das Leben Jesu und die Deutung seines Lebensablaufs sind zwei verschiedene Stadien, die man nicht miteinander vermischen sollte. Sonst könnte die Ehrfurcht verlorengehen. Der Mensch könnte sich zum Gutachter über göttliche Wirklichkeiten aufspielen.

Als Beispiel für diesen Schutz des Geheimnisses hat Bonhoeffer uns die urchristliche Taufpraxis dargestellt: Jemand, der nicht zur christlichen Gemeinde gehört, bittet um Aufnahme. Daraufhin erhält er Unterricht in den Grundwahrheiten, also über die Gebote und das Leben Jesu. Will er weiter dabeibleiben, wird er durch Handauflegen zum Christen erklärt. Nun ist er von der Welt geschieden, ist aber noch nicht Vollmitglied. Er muß erst noch eine Zeit der Bewährung durchlaufen. Er kann noch zurücktreten. Tut er das nicht, wird er in die Mitgliederliste eingetragen und erhält Tauf-Unterricht. Diese Zeit endet mit der Beichte und der Absage an den Teufel. Der Tauf-Anwärter erfährt nun den Text des Glaubensbekenntnisses und des Vaterunsers. In der Osternacht wird die Tauf-Zeremonie vollzogen. Die Katechumenen stehen in der dunklen Vorhalle der Taufkapelle und blicken in den finsteren Westen. Sie müssen noch einmal dem Teufel absagen. Danach wenden sie sich um und blicken in die hell erleuchtete Kapelle, in der die Gemeinde mit allen Geistlichen versammelt ist. Die Täuflinge werden zum Taufbecken geführt, dreimal ganz untergetaucht, dabei wird die Tauf-Formel gesprochen; danach werden sie mit Öl gesalbt und in weiße Gewänder gekleidet. Durch Handauflegung empfangen sie den Heiligen Geist.

Die Urchristenheit hat unter Arkan-Disziplin gestellt: die Geheimnisse der Christologie, der Trinität und der Erlösung durch den Kreuzestod Christi. Die urchristliche Kirche verschleuderte ihre Gaben nicht. Sie setzte ihre Geheimnisse nicht dem Spott der Welt aus, denn diese Geheimnisse sind der Welt unzugänglich.

Bonhoeffer war der festen Meinung, daß die Kirche falsch mit dem Schatz umgeht, den sie zu verwalten hat. Es gibt eben einen langen Weg, bis der Mensch verstehen kann, was das Geheimnis Gottes ist. Wer das zu schnell enthüllt, der muß Unverständnis hervorrufen. Es gibt Stufen zum Verstehen. Wer diese Stufen überspringt oder ganz ausläßt, der schafft nicht Glaubens-Erkenntnis, sondern nur theoretisches Wissen ohne personale Bindung.

Bonhoeffer hat durch seine Auslegung der Bergpredigt unter dem Thema „Nachfolge“ versucht, die billige – verschleuderte und damit wirkungslose – Gnade durch die teure – befreiende und rettende – Gnade zu ersetzen; und diese Gnade nennt er Nachfolge. Er wollte zeigen, daß ohne Nachfolge ein Christsein illusionär ist. Er faßt seine Interpretation in der „Nachfolge“ so zusammen: „Nur der Glaubende ist gehorsam, und nur der Gehorsame glaubt.“ Er hat uns immer wieder in Gesprächen und Übungen darauf hingewiesen, daß Hören und Gehorchen ein Akt sind. Damit, so seine Erläuterung, soll dem Hörenden verboten werden zu fragen: Sollte Gott wirklich diesen Gehorsam gemeint haben? Das Hören muß unmittelbar ins Gehorchen übergehen. Das Wort Gottes ist aufs Tun gerichtet. Das Hören ist nur eine Durchgangsstation. Allein im Tun behält das Wort Jesu unter uns seine Ehre, seine Kraft und Macht. Wer hören und gehorchen trennt, der verfügt selbst über sein Tun und entzieht es Gott.

Nachfolge ist Bindung an den leidenden Christus. Bonhoeffer hat mit großer Eindringlichkeit darauf hingewiesen, daß das neutestamentliche Wort „Hypomone" (Geduld) im ursprünglichen Sinne „darunterbleiben" bedeutet – also eine Situation, eine Gefahr, eine Notlage tragen. Nur der Tragende erkennt die Last, aber auch die Aufgabe, die in dieser Belastung liegt. Von außen her ist eine echte Erkenntnis nicht möglich. Wer ausweicht oder flieht, der entzieht sich damit der Realität. Er trennt sich bewußt von Gott, der ihm gerade in dieser Last begegnen will.

Eine besondere Verantwortung liegt auf dem Prediger, das wußte Bonhoeffer aus eigener Erfahrung. Der Prediger hat das Wort Christi weiterzutransportieren, gleichsam als Handlanger Gottes. In diesem Zusammenhang konnte Bonhoeffer sagen: „Nur das ausgelegte Bibelwort ist Verkündigung (Evangelium), jedoch nicht das vorgelesene Bibelwort." Auch war er der Meinung, daß nur die vier Evangelien Träger der Botschaft seien; die neutestamentlichen Briefe – die Episteln – seien Interpretation, Erläuterung dazu. Weil jedoch im Gottesdienst Auslegung immer einseitig sein muß (die Predigt ist keine theologische Abhandlung), darum, so Bonhoeffer, wird in jeder guten Predigt auch eine Häresie (Irrlehre) zu finden sein. Bonhoeffer hatte eine ganz substantielle Vorstellung von der Kraft des Wortes.

In der „Homiletik" formulierte er: „Weil das Wort seinem Wesen nach die neue Menschheit trägt, deshalb ist es immer auf die Gemeinde gerichtet. Das Wort will nicht allein bleiben. Es braucht Gemeinde, weil es schon Fleisch angenommen hat. Es besteht eine Eigenbewegung des Wortes zur Gemeinde hin. Der Prediger vollzieht also nicht eine Anwendung des Wortes, gestaltet und formt es nicht im Blick auf die Gemeinde. Das Wort geht von selbst. Es steigt aus der Bibel heraus und nimmt Predigtgestalt an; Christus geht als Predigt zur Gemeinde, um die Gemeinde anzunehmen und zu tragen. Dieser Eigenbewegung des Wortes soll der Prediger nichts entgegensetzen (andernfalls macht er aus dem ‚Wort' ein Lehr-Wort, Erziehungs-Wort, Erregungs-Wort; und dieses Wort trägt nicht). Wenn Christus in der Gemeinde als Predigtwort ist, dann fällt auf ihn alle Sünde und Not. Der tragende Christus – das ist die Dimension des Predigtwortes."

Wiederum wird hier deutlich, wie intensiv sich Bonhoeffer mit der „Psychologie des Umgangs mit Gott und seinem Wort" befaßt hat. Ich habe mit ihm oft darüber gesprochen, wie sich ein Pfarrer richtig verhält und wo er sich aus dem direkten Zusammenhang von Gott und Mensch ausschließt.

Derartige Überlegungen waren uns damals zunächst fremd, sind aber wohl durch das Auftreten der deutsch-christlichen Pfarrer ausgelöst worden. Pfarrer war eben nicht gleich Pfarrer. Der Beruf war kein Garantiezeichen. Es gibt verführende, irrende, selbstzufriedene, auch agitierende Pfarrer. Gerade Bonhoeffers Beschreibung, wie solch ein Irrweg entstehen kann, habe ich für mich als wichtige Weisung und Warnung aus dem Seminar mitgenommen, auch hinsichtlich der „psychologischen Beschreibung", wie das ablaufen kann:

Der Pfarrer ist durch ein langes Studium geschult im Umgang mit dem Text. Er kennt die theologischen Voraussetzungen und erkennt seinen besonderen Auftrag. Er tritt mit Vollmacht auf. Doch gerade darin liegt – wie Bonhoeffer in der „Seelsorge" ausführt – auch eine besondere Not. Es wird zur Gewohnheit, was eigentlich das Ungewöhnliche bleiben sollte. Die größte Not liegt darin, daß der Pfarrer von der Theologie herkommt. Er weiß alles, was ein Mensch über Sünde und Vergebung wissen kann. Er weiß, was rechter Glaube ist. Und er denkt so lange darüber nach, bis er nicht mehr im Glauben, sondern im Nachdenken über den Glauben existiert. Er nimmt jedoch an, daß sein Nicht-Glaube die rechte Form des Glaubens sei. So wird er in seinem wirklichen Glauben hohl. Er macht keine Erfahrungen mehr im Glauben. Diese seine Lage wird erschwert durch die Notwendigkeit der täglichen Verkündigung. Da gebraucht er dann Worte ohne Erfahrung. Das führt zur eigenen Beunruhigung. Falls das jedoch nicht der Fall ist, dann ist der Prediger ein raffinierter Theologe, der diesen Verzicht auf eigene Erfahrung als eine Art Rettung ansieht. Dieser Prediger kann nicht glauben, weil er nicht glauben will. Er versucht, sein Gewissen einzuschläfern. Wer sich einmal auf Theologie eingelassen hat, um mit ihrer Hilfe sich selbst zu rechtfertigen, der ist in den Fängen Satans. „Sei ein guter Theologe – aber als solcher halte dich von der Theologie fern; sonst verfängst du dich in dem Netz, in dem der Glaube erwürgt wird."

Zurück zur Praxis in Finkenwalde: Weil der Prediger in der Verkündigung eine besondere Position einnimmt, darum hat Bonhoeffer verboten, über eine gehaltene Predigt zu diskutieren. Der Hörer soll sich nicht zum Meister machen; er soll Hörender bleiben. Im Seminar wurden nur Predigtentwürfe kritisiert. Zum Vollzug des Gottesdienstes hat er spezielle Anweisungen gegeben: Die Predigt auf der Kanzel soll nicht vorgelesen werden. Er selbst hat bezeugt, daß er seine ersten zehn Predigten wortwörtlich auswendig gelernt hat. Auch wir hatten unsere bisherigen Predigten auswendig gelernt. Jetzt mußten wir auf der Kanzel „frei" – also offen für die Eigenkraft des Wortes – predigen. Bonhoeffer zitierte dann gern das Wort von Hermann Bezzel: „ Die Predigt muß zweimal geboren werden, in der Pfarrstube und auf der Kanzel." Außerdem war Bonhoeffer der Meinung, daß der Prediger sofort „zur Sache" kommen solle – also keine umständliche Einleitung, erst recht keine persönlichen Bemerkungen, um die Hörer zu fesseln. Er selbst hat immer den Bibeltext Vers für Vers ausgelegt, also die Form der Homilie bevorzugt. Eine Thema-Predigt hat er abgelehnt, weil dabei die biblische Botschaft den persönlichen Wünschen oder Interessen untergeordnet würde. Das Vorlesen der Gebete hat er abgelehnt. Ein Gebet sollte vorbereitet, dann aber wirklich gebetet werden. Der biblisch festgelegte Wortlaut des Segens oder des Vaterunsers sollte nicht durch Zusätze ergänzt oder verändert werden. Den Segen nahm er besonders ernst: Segen ist sichtbare, wirksam werdende Nähe Gottes. Segen wird durch die segnende Hand „per du" dem anderen aufgelegt. Er hielt das in gewisser Weise für einen materiellen Vorgang.

Die theologische Arbeit im Predigerseminar bestand aus zwei verschiedenen Vorgängen: Einmal präsentierte Bonhoeffer seine Ausarbeitungen. Es waren vorbereitete Texte zu bestimmten Komplexen. Offenbar hat er das, was später im Buch „Nachfolge" gedruckt worden ist, in verschiedenen Versionen und Kombinationen in einzelnen Kursen vorgetragen; das heißt: Neben der speziellen Auslegung der Bergpredigt – in unserem Kurs wurden einige Partien weggelassen – behandelte er auch noch das Thema „Rechtfertigung und Heiligung". Das war sozusagen die theologische Grundlegung für alles Praktische, das Bonhoeffer zusätzlich in einem gesonderten Zyklus anbot: Überlegungen zur Predigt-Lehre und zum Komplex Seelsorge; dabei behandelte er auch den Hausbesuch bei Krankheit und im Sterbefall, und das Gespräch mit den Gleichgültigen und den Angefochtenen und die Beerdigung. Für die seelsorgerlichen

Aspekte zog er gelegentlich Erfahrungen des reformierten Theologen Paul Geyser heran, der eindrücklich über „Besuche bei Sterbenden" berichtet hatte. In einer besonderen Stunde beschäftigte er sich mit dem Konfirmandenunterricht.

Anders ging es in dem „homiletischen Kreis" zu. Da war eine Liste von Bibeltexten aufgestellt worden (für jede Woche ein Text), dazu hatten wir thesenartige Predigtentwürfe vorzulegen, die vorgelesen und diskutiert wurden. Zum Abschluß zeigte uns Bonhoeffer seinen eigenen Entwurf, der uns meist in Minderwertigkeitsgefühle trieb, weil wir feststellen mußten, wie wenig wir im Vergleich zu ihm aus dem Text herausgeholt hatten. Einmal hatte er als Beispiel für die Heimkehr des verlorenen Sohnes das Rembrandt-Bild herangezogen, das darstellt, wie der Vater den vor ihm knieenden Sohn umfängt, und uns gesagt: Im Gesicht des Vaters ist das Gesicht Christi.

Wenn es um „praktische" Themen ging, verfuhr Bonhoeffer so, daß er zuerst seine Erläuterungen gab und danach uns Fragen stellen ließ. Das waren bei uns mehr Orientierungsfragen, da wir nicht allzu viel Erfahrungen mit Seelsorge und Gemeindebetreuung hatten, denn als Illegale waren wir zumeist nur als „Lückenbüßer" dort eingesetzt worden, wo Pfarrer infolge polizeilicher Maßnahmen ausgefallen waren oder wo Gemeindeglieder, die von einem „Deutschen Christen" betreut wurden, um Hilfe baten. Mir sind die Gespräche über die praktisch-theologische Arbeit am intensivsten in Erinnerung geblieben.

An sich waren unsere sonntäglichen Gottesdienste öffentlich. Doch aus dem Ort sind selten Besucher gekommen. Aus Stettin reiste fast regelmäßig Ruth von Kleist-Retzow (1867–1945) zusammen mit ihren fünf Enkeln an. Ihr gehörte das Gut Kieckow in der Nähe von Belgard in Hinterpommern, das ab 1914 ihr Sohn Hans-Jürgen verwaltete. Sie selbst hatte ihren Wohnsitz in Klein-Krössin, einem kleinen Ort, der zum Gutsbereich gehörte. Es war ein langgestreckter alter Fachwerkbau unter hohen Kastanienbäumen. Ganz in der Nähe – etwa zwei Stunden mit dem Pferdewagen entfernt – lag das Gut eines nahen Verwandten, Ewald von Kleist-Schmenzin (1890–1945). Er hatte mich 1929, als ich wieder einmal während der großen Ferien dort war, mitgenommen, um bei der ältesten Familien-Repräsentantin einen Besuch zu machen. Kleists gibt es etwa seit 700 Jahren. Inzwischen ist es eine sehr weit verzweigte Familie, deren Heimatgebiet durch alle Zeiten hindurch Hinterpommern geblieben ist. Um die verschiedenen Herkunftslinien ihrer Familien deutlich zu machen, benutzten sie jeweils in ihrem Namen den Herkunftsort ihres Vorfahren.

In den Gutshäusern der Kleists gab es in den dreißiger Jahren die Schwierigkeit, daß für die Kinder in den entlegenen Dörfern keine angemessene Schulausbildung möglich war. Um Abhilfe zu schaffen, mietete Ruth von Kleist in Stettin eine geräumige Wohnung, in der die schulpflichtigen Kinder unterkommen konnten. Diese wurde alsbald im Familienkreis als die „Enkelpension" bezeichnet. Dort wurden die Kinder streng, aber liebevoll betreut. Früh am Morgen wurden sie geweckt, hatten unverzüglich das Bett zu verlassen und fünf Minuten Stille für ihr Morgengebet einzuhalten. Beim Frühstück waren sie allein, aber mittags dirigierte die Großmutter souverän die große Tafel. Nachmittags beaufsichtigte sie die Hausarbeiten und half denen, die Schwierigkeiten mit dem Pensum hatten. Bei dem gemeinsamen Essen am Abend wurde nur Französisch gesprochen, eine Hilfe für den Schulunterricht, in dem diese Fremdsprache zum Lehrstoff gehörte. Der Abend endete mit einer Andacht, die sie selbst frei – also ohne irgendeine Vorlage – hielt. Sie war theologisch interessiert. Das steigerte sich dann, als sie Bonhoeffer kennenlernte und von ihm und seiner Ausstrahlung sehr beeindruckt war. Es führte allmählich dazu, daß sie auch die neueste Literatur las, darunter Schriften des Theologen Karl Barth, der nach 1933 einer der wichtigsten Ratgeber der Bekennenden Kirche geworden war. Damals begann Ruth von Kleist auch, das neutestamentliche Griechisch zu lernen, weil sie hoffte, so Bonhoeffers Schriften besser verstehen zu können. Auf ihrem Wohnsitz in Klein-Krössin ist Bonhoeffer während der Kriegszeit gelegentlich einige Zeit gewesen und hat in dieser Abgeschiedenheit an Manuskripten gearbeitet.

Frau von Kleist war eine majestätische Erscheinung, voll Güte und Weisheit, doch sich ganz ihrer Rolle als Familienmittelpunkt bewußt. Wenn sie zum Gottesdienst nach Finkenwalde kam, war das für uns immer etwas Besonderes. Bonhoeffer begrüßte sie am Eingang und ging mit ihr in den Gottesdienstraum. Zu den fünf Enkeln gehörte auch Maria von Wedemeyer – damals zwölf Jahre alt, fünf Jahre später seine Braut. Nach dem Gottesdienst hatte die Großmutter mit Bonhoeffer ein längeres Gespräch, meist bis kurz vor unserem Mittagessen. Die Enkel langweilten sich inzwischen, weil sie nicht wußten, was sie in diesem Gebäude machen sollten. Wir waren ja nur knapp zehn Jahre älter und hielten uns aus Zurückhaltung in unseren Zimmern oder irgendwo im Garten auf. Bonhoeffer hat uns über die Familie Kleist nie etwas erzählt. Er selbst ist in Finkenwalde zum ersten Mal mit einem Mitglied der großen Kleistfamilie zusammengetroffen. Unsere Kenntnis über die Stettiner Lebensbedingungen hatten wir von denen, die bei Frau von Kleist eingeladen wurden, aber auch von denen, die in Stettin das Leben und Wirken von Frau von Kleist miterlebten. Sie war in diesen Jahren die wichtigste Stütze der Bekennenden Gemeinde, unerschrocken und hilfsbereit, wenn finanzielle oder organisatorische Probleme gelöst werden mußten.

Dieser Hintergrund war es, der Bonhoeffer mit dem pommerschen Adel verband und ihn bewog, die erste richtige Volksmission – die er mit uns im Juni 1936 durchführen wollte, als praktische Erprobung unserer theoretischen Erkenntnisse – nach Hinterpommern zu verlegen. Er selbst wohnte in Kieckow bei Hans-Jürgen von Kleist. Die Kandidaten waren auf mehrere Dörfer verteilt. Ich wohnte bei Ewald von Kleist in Schmenzin. Das Programm sah vor: Hausbesuche, Kinderstunden, Bibelbesprechungen und an vier Tagen abends in den verschiedenen Dorfkirchen gottesdienstliche Veranstaltungen, bei denen jeweils vier Kandidaten je einen Abschnitt einer biblischen Geschichte oder eines Themas behandelten; jeder sollte seinen Text in fünf bis acht Minuten dargestellt haben. So wurde die Geschichte vom verlorenen Sohn in vier Abschnitte aufgeteilt.

Ich war beteiligt am Thema „Obrigkeit". Es wurden behandelt: die Tempelsteuer (Matthäus 17,24), die Kaisersteuer (Matthäus 22,15), die Obrigkeit (Römer 13) und das Tier aus dem Abgrund (Offenbarung 13). Dieses Abendtreffen fand in der Schmenziner Dorfkirche statt, obwohl seit 1935 als Gegengewicht gegen den oppositionellen Ewald von Kleist ein „Deutscher Christ" als Pfarrer dorthin versetzt worden war, was zur Folge hatte, daß Ewald von Kleist aus der Kirche austrat. Doch unsere Volksmission hatte der neue Pfarrer wohl nicht verbieten wollen. An diesem Abend war ich der letzte Redner und beschrieb die Übermacht des gefährlichen Ungeheuers aus dem Abgrund, ohne in irgendeiner Weise auf aktuelle Ereignisse Bezug zu nehmen. Allerdings habe ich während des Sprechens immer überlegt, ob ich auf Vorkommnisse der Gegenwart hinweisen sollte, habe das aber unterlassen, weil ich dem

Wort nicht im Wege stehen wollte. Gerade dafür wurde ich dann später am Abend von Ewald von Kleist gelobt, der das viel eindrücklicher fand, als wenn ich Beispiele angeführt hätte. Damals hat ihn Bonhoeffer kennengelernt.

Mir ist ein Mittagessen bei Hans-Jürgen von Kleist in Erinnerung. Während des Essens wurde von einem Film berichtet, der mit Zeitraffer das Wachsen von Pflanzen eingefangen hatte. Das Ehepaar Kleist war entsetzt, daß ein Mensch es wagen könne, in die Geheimnisse Gottes einzudringen und zu enthüllen, was da verborgen bleiben sollte.

Die Volksmission hatten wir lange vorbereitet. Texte wurden verteilt, ausgearbeitet und aufeinander abgestimmt; schließlich wurden sie noch hinsichtlich der erwarteten Hörer aus den Dörfern überprüft. Nach meiner Erinnerung haben wir bei den Hausbesuchen nicht viel ausgerichtet, die Dorfbewohner waren uns zu fremd. Aber Kindertreffen und Frauenstunden fanden viel Echo. Die Abendveranstaltungen waren gut besucht. Ein direktes Echo kam jedoch nicht. Die Patrone – als Gutsbesitzer waren sie gemäß einer alten Tradition kirchliche Schutzherren mit besonderen Rechten und Pflichten – galten als die Herren im Dorf, und die Gutsarbeiter oder Bauern nahmen gleichsam nur als Gäste teil. Immerhin war für uns bedeutsam, lebendige Gemeinden und fromme Gutsbesitzer zu erleben und trotz der gefährlichen Zeiten ein intaktes Dorfleben kennenzulernen.

In Berlin – dem Zentrum der kirchenpolitischen Auseinandersetzungen – war inzwischen ein heftiger Kampf entbrannt: Der Staat hatte „Ausschüsse“ eingesetzt (zusammengesetzt aus Vertretern der „Deutschen Christen“, der Mitte und konzessionsbereiter Vertreter der Bekennenden Kirche). Diese Ausschüsse sollten die Kirche befrieden, also die verfeindeten Gruppen wieder zusammenbringen. Das Problem dabei: Nazistische und oppositionelle Kirchenmänner sollten nun zusammenarbeiten (unter staatlicher Oberaufsicht), was sofort von den Rigoristen abgelehnt wurde. Mein Vater war in den Preußischen Landeskirchenausschuß berufen worden und war zugleich Vorsitzender des Berlin-Brandenburgischen Provinzialkirchenausschusses. Er hat die Ablehnung der Rigoristen unter den „Deutsche Christen“ und innerhalb der Bekennenden Kirche heftig zu spüren bekommen. Im Juni 1936 veröffentliche Bonhoeffer einen Aufsatz über Kirchengemeinschaft, in dem der provozierende Satz steht: „Wer sich wissentlich von der Bekennenden Kirche in Deutschland trennt, trennt sich vom Heil." Er sandte meinem Vater diesen Aufsatz „mit herzlichen und verehrungsvollen Grüßen". Trotz der kirchenpolitischen Differenzen hat er den menschlichen Kontakt nicht abgebrochen. Andererseits riet er mir jedoch, am Karfreitag 1937 nicht mit meinem Vater zusammen zum Abendmahl zu gehen, da wir beide in verschiedenen Kirchen seien.

Unser Kursus war Ende August 1936 abgeschlossen. Kurz vorher hatte uns Bonhoeffer ermuntert, daß jeder mit einem Bruder verabreden sollte, für ihn ständig zu beten. Das war als eine Art „Sicherheit" gedacht angesichts der Einsamkeit und Verlassenheit, in die nun jeder wieder zurückkehren mußte. Otto Karl Lerche – mein Mitbewohner im Zimmer – war ein etwas schüchterner und schweigsamer Mensch. Wir hatten bisher nicht allzuviel Kontakt. Ganz unerwartet kam er nun auf mich zu und bat mich, für ihn diesen Dienst zu übernehmen. Damit war eine gegenseitige Verpflichtung gemeint. Er hat sich auch treulich um mich bemüht und mir in schweren Zeiten geholfen. Er wußte, wie Trost vermittelt werden kann. Er ist im Krieg gefallen. Von seiner Frau habe ich das Exemplar der „Nachfolge" erhalten, das Bonhoeffer ihm zur Ordination geschenkt hatte. Ich benutze es seitdem.

In diesen versucherischen Zeiten hat Bonhoeffer denen, die sich wieder der offiziellen Kirche anschließen wollten, ihre Lage an einem Beispiel klarzumachen versucht: Wenn jemand in einen falschen Zug eingestiegen ist, dann nützt es ihm gar nichts, wenn er sich in diesem Zuge entgegen der Fahrtrichtung bewegt.

Für das Predigerseminar kam das Ende am 28. September 1937. Der Himmler-Erlaß vom 29. August 1937 bot die Grundlage dafür; in ihm war der Bekennenden Kirche jede Form von theologischer Aus- und Weiterbildung verboten worden. Damit war die Phase der „geduldeten Illegalität" beendet. Die Gestapo erschien in dem fast leeren Haus und versiegelte es. Bald darauf wurde noch schnell gehandelt. Alexander Stahlberg – ein Enkel von Ruth von Kleist – lebte in Stettin, wo sein Vater eine Ölfabrik besaß. Plötzlich tauchte dort Bonhoeffer auf und bat ihn um Hilfe. Er wollte ihm seinen Bechsteinflügel schenken. Ein Lastwagenfahrer war noch zu finden, einige kräftige Männer auch. Sie fuhren zum Seminar und holten unter Bonhoeffers Anleitung den Konzertflügel heraus, der am Abend seinen neuen Standort erreichte.

Bonhoeffer kommentierte: „Wenn wir die kommende Zeit überleben, wird es mir eine Freude sein, wenn du mir den Flügel zurückschenkst. Heute bin ich dir dankbar, daß du mein Geschenk ohne Vorbehalt annimmst." 1945 wurde das Haus geplündert und mit all seinem Inhalt zerstört.

Sammelvikariate

Bonhoeffer hat nach Schließung von Finkenwalde die Ausbildung der Kandidaten nicht als beendet angesehen. Sie ging weiter – unter erheblich erschwerten Bedingungen. Es wurden Sammelvikariate in Hinterpommern eingerichtet. Einmal in Köslin – 160 Kilometer von Stettin entfernt, ein Ort mit 30.000 Einwohnern. Superintendent Friedrich Onnasch war hier zuständig, sein Sohn – ein ehemaliger Finkenwalder – übernahm die Aufgabe des Inspektors. Alle Kandidaten wohnten im Pfarrhaus; hier war auch genügend Platz für den Unterricht. Die Kandidaten mußten als Vikare festangestellten Pfarrern an verschiedenen Orten zugeordnet werden, dann hatte die Polizei keine Einwände gegen ihre Betreuung. Bonhoeffer nahm jeweils für eine halbe Woche hier seine Aufgabe als Dozent und Leiter wahr; er hielt Vorlesungen und Übungen ab. Im Herbst 1939 mußte diese Arbeit eingestellt werden, weil es nicht mehr genügend Kandidaten gab.

Der zweite Ort war Schlawe, 40 Kilometer westwärts von Stolp. Bonhoeffer und Bethge erhielten hier je eine Hilfspredigerstelle als amtliche Legitimation. Bonhoeffer konnte jeweils nur eine halbe Woche an einem der Orte sein. Das bedeutete für ihn: zweimal wöchentlich die Strecke von 60 Kilometern zwischen beiden Arbeitsstellen zu fahren. Daneben hatte er notwendige Reisen nach Berlin zu erledigen; dazu kamen 1939 kurze Reisen nach England und den USA. Bonhoeffer gab Schlawe bis 1940 als ständigen Wohnsitz an. Hier bekam er auch die ersten Schwierigkeiten mit dem Wehrmeldeamt und der Gestapo.

Die Kandidaten für Schlawe waren zunächst im benachbarten Groß-Schlönwitz untergebracht. Später zogen sie in das leerstehende Vorwerk Sigurdshof des Gutes Wendisch-Tychow um; wiederum ein Kleist-Besitz. Drei Kilometer südlich vom Gutsdorf gelegen, war hier die totale Abgeschiedenheit gegeben: ein kleines Haus mit tief herabgezogenem Dach am Waldrand. Elektrischen Strom gab es nicht. Die Versorgung mit dem Notwendigsten war relativ schwierig angesichts der beginnenden Kriegswirtschaft.

Jedes der beiden Sammelvikariate umfaßte etwa sieben bis zehn Kandidaten. Fünf Kurse konnten durchgeführt werden. Wegen der geringen Zahl fiel die örtliche Zusammenlegung von Vikaren nicht weiter auf, denn pastorale Aufgaben gab es in den schwach besetzten Pfarrbereichen reichlich genug. Am 18. März 1940 wurde Sigurdshof von der Gestapo geschlossen. Damit war Bonhoeffers Aufgabe der Theologenausbildung beendet.

Hans-Werner Jensen gehörte im Winter 1938/1939 zu denen, die in Groß-Schlönwitz untergebracht waren. Bonhoeffer diktierte ihm seinen handschriftlichen Text „Gemeinsames Leben" in die Maschine – es war eine Erläuterung seiner Erfahrung mit dem Bruderhaus. Jensen erkrankte plötzlich an Blinddarmentzündung und kam ins Krankenhaus nach Stolp; natürlich Unterbringung in der dritten Klasse. Er wurde noch während der Nacht operiert und danach in den großen Schlafsaal gebracht. Plötzlich wurde er am Vormittag in die Privatabteilung verlegt. Er protestierte, doch der Pfleger teilte ihm mit, es sei am Morgen ein Mann mit Brille dagewesen und habe gesagt, daß er alle Kosten dafür übernehmen wolle.

Angesichts der zunehmenden Kriegsgefahr machte Jensen eine erstaunliche Beobachtung bei Bonhoeffer. Dieser äußerte plötzlich eine Ansicht, die für alle neu war: Es lohnt sich, auch für die weltliche Freiheit zu sterben. Diese Worte waren deshalb so bemerkenswert, weil ein „Martyrium" immer „um Christi willen" geschehen soll (so der biblische Befund). Doch für Bonhoeffer stand jetzt die Befreiung von Unterdrückung auf der gleichen Stufe wie der Gehorsam des Glaubens in der Nachfolge. Diese Überlegungen haben eine Vorgeschichte. Wir alle haben in jenen Jahren erfahren müssen, daß fast keiner „um Christi willen" – also wegen Predigtäußerungen oder kirchlicher Handlungen – verhaftet oder angeschuldigt wurde. Es waren immer politische Gründe (Zersetzung der Volksgemeinschaft) oder politische Gesetze (Übertretung von Anordnungen) als Haftgrund angegeben. Das hatte zur Folge, daß wir nicht mehr unterscheiden konnten, ob wir aus politischen oder aus religiösen Gründen in Schwierigkeiten geraten waren. Schließlich wurde uns Illegalen klar, daß alles, was uns vorgeworfen wurde, politisch war. Daraus ergab sich fast von selbst, daß unser Widerstand ein politisches Ziel hatte: die Beseitigung der Unterdrücker.

Im Frühsommer 1939 übernahm Hellmut Traub die Betreuung der Kandidaten in Sigurdshof. Bonhoeffer hatte ihn gebeten, ihn während seiner Reise in die USA zu vertreten. Vom englischen Sender BBC hörten er und die Kandidaten, daß ein Krieg bevorstand. Sie waren froh, daß Bonhoeffer angesichts dieser Gefahr in den USA in Sicherheit war. Doch eines Tages stand er wieder vor ihnen und tat so, als sei das das Selbstverständlichste von der Welt. Traub protestierte: „Warum sind Sie zurückgekommen; das ist doch Selbstmord!“ Bonhoeffer zündete sich ruhig eine Zigarette an und sagte: „Es war ein Fehler, in die USA zu reisen. Ich kann die Bekennende Kirche und die jungen Brüder nicht einfach im Stich lassen. Auch Deutschlands Schicksal kann ich nicht unbeteiligt an mir vorbeigehen lassen, um dann am Wiederaufbau mitzuwirken, als sei nichts gewesen. Helfen kann nur derjenige, der mitgetragen und mitgelitten hat.“ Traub darauf: „Es ist doch schon alles verloren, keiner von uns wird am Leben bleiben.“ Darauf Bonhoeffer: „Jeder von uns steht vor der Wahl: entweder Deutschlands Sieg und damit das Ende der Freiheit und des Christentums oder Deutschlands Niederlage und damit Freiheit für Deutschland und das Christentum. Mit dem Sieg wäre die wirkliche Zukunft Deutschlands verraten. Auch Bildung und Zivilisation können nur durch die Niederlage gerettet werden.“ Dezidiert erklärte er zum Schluß: „Ich weiß, was ich getan habe.“

Bald danach kamen die Gestellungsbefehle für die Kandidaten. Die Bücher wurden verpackt und die Fenster im Haus vernagelt. Das war der Abschied vom letzten illegalen Seminar der Bekennenden Kirche. Bonhoeffer sagte etwas erleichtert: „Jetzt kann ich endlich meine Ethik schreiben.“ Doch es kam anders; er konnte sie nicht zu Ende schreiben, sondern nur zu Ende leben.

Oft hat Bonhoeffer uns – angesichts der drohenden Kriegsgefahr – das „Kriegslied“ von Matthias Claudius vorgetragen. Das Grauen, das in verschiedenen Versen zum Ausdruck kommt, hat er dann mit eindrucksvoller Lautmalerei verdeutlicht:

„'s ist Krieg! 's ist Krieg! O Gottes Engel wehre,
Und rede du darein!
's ist leider Krieg – und ich begehre
Nicht schuld daran zu sein!

Was sollt ich machen, wenn im Schlaf mit Grämen
Und blutig, bleich und blaß,
Die Geister der Erschlagnen zu mir kämen,
Und vor mir weinten, was?

Wenn wackre Männer, die sich Ehre suchten,
Verstümmelt und halb tot
Im Staub sich vor mir wälzten, und mir fluchten
In ihrer Todesnot?

Wenn tausend tausend Väter, Mütter, Bräute,
So glücklich vor dem Krieg,
Nun alle elend, alle arme Leute,
Wehklagten über mich?

Wenn Hunger, böse Seuch und ihre Nöten
Freund, Freund und Feind ins Grab
Versammleten, und mir zu Ehren krähten
Von einer Leich herab?

Was hülf mir Kron und Land und Gold und Ehre?
Die könnten mich nicht freun!
's ist leider Krieg – und ich begehre
Nicht schuld daran zu sein!“

Auf dem Weg in den Widerstand

Berlin

Nach Ende des Sommerkurses in Finkenwalde 1936 hatte ich mich in Berlin bei Wilhelm Niesel – Mitglied des Altpreußischen Bruderrates – zu melden. Er bot mir eine Aufgabe an, von der ich mir zunächst keine rechte Vorstellung machen konnte: Ich sollte einen Nachrichtendienst für Mitglieder der Bekennenden Kirche in ganz Deutschland herstellen. Inzwischen war es kaum noch möglich, wichtige Vorgänge in den Blättern der Bekennenden Kirche oder in Rundschreiben oder Telefongesprächen weiterzugeben. Darum sollte das nun illegal gemacht werden. Es wurden mir keine Beschränkungen hinsichtlich des Materials oder seiner Interpretation auferlegt. Jedoch eine Warnung wurde mir mitgegeben: „Wenn Sie geschnappt werden, kennen wir Sie nicht."

Es begann ein Experiment auf schwankendem Boden. Ein Zimmer in einer Pension in der Kurfürstenstraße als Arbeitsort; in der Nähe eine Dienststelle der Staatspolizei. In diesem Zimmer wurden dann – meist in der Nacht von Sonnabend auf Sonntag – die zusammengestellten Nachrichten auf Metallmatrize geschrieben und in der Morgenfrühe im Osten von Berlin einem unbekannten Kontaktmann in die Hand gedrückt. Dann wurden sie irgendwo vervielfältigt und in einer Auflage von 10.000 Stück weit außerhalb von Berlin – etwa in Leipzig oder Halle – in Briefkästen gesteckt. Das hielten wir für notwendig, damit die Spur dieser Briefe durch die Staatspolizei nicht so leicht entdeckt und die Urheber nicht entlarvt werden konnten. Zuerst war es nur eine Sammlung von Ereignissen, die unbekannt geblieben waren – etwa über den Schulkampf in Oldenburg. Je länger diese Arbeit dauerte, desto mehr war Tarnung notwendig, um niemanden in Gefahr zu bringen. Also wandelte ich diesen Dienst in eine Art NS-Korrespondenz um, damit die Herkunft nicht mehr feststellbar war. Das ging etwa so vor sich: Zuerst die Meldung, daß der Gauleiter von Pommern erklärt habe, der Führer erhebe den Anspruch „Ich bin der Herr, dein Gott, du sollst keine anderen Götter haben neben mir". Danach der Hinweis, daß natürlich kirchliche Gruppen an solch einer Aussage Anstoß genommen hätten. Darum hätte durchgegriffen werden müssen. Und dann eine ausführliche Darstellung alles dessen, was an polizeilichen Maßnahmen durchgeführt worden war. Etwa alle zwei Wochen wurde solch ein Dienst bis in den April nächsten Jahres hinein verschickt. Er wurde offensichtlich in der Politischen Abteilung der Gestapo registriert; zu meinem Glück konnte bei späteren Stapo-Aktionen meine Verbindung zu diesem Nachrichtendienst nicht festgestellt werden, denn alle Aktionen gegen die Bekennende Kirche – auch gegen mich – wurden allein von der Kirchenabteilung der Gestapo durchgeführt. Im Frühjahr 1937 wurde ich zusätzlich mit der Organisation der angekündigten Kirchenwahl im November 1937 beauftragt, also mit Veranstaltungsvorbereitungen und Verteilung von Flugblättern im Berliner Raum. In diesem Zusammenhang wurde ich zweimal verhaftet. Beim ersten Mal kam ich in Einzelhaft und erschrak heftig, als sich da endgültig die Zellentür hinter mir schloß. Ich kam mir zuerst irgendwie minderwertig vor. Dann las ich an der Wand, was andere hineingekritzelt hatten: „Wo bleibt die Gerechtigkeit Gottes?“ Und: „Gerechtigkeit ist Goldes wert.“

Ein freundlicher Vernehmer orientierte mich zwei Tage später privat über meine Lage. Bald war ich wieder entlassen. Das zweite Mal vier Monate später landete ich in Gemeinschaftshaft mit etwa 16 Personen und einem Kommunisten als Stubenältesten. Zum Frühstück bekam ich nur eine halbe Portion sowie Wasser statt Kaffee. Da sagte der Stubenälteste: „Wir haben einen Neuen, wir teilen mit ihm!“ Und jeder gab mir etwas ab. Diese Erfahrung änderte meine Vorstellung von Kommunisten grundlegend. Anderen ist es in den Gefängnissen ähnlich ergangen. Dort traf ich auch einen KZ-Häftling, der mir seinen zerschlagenen Rücken zeigte; damit bekamen vage Vermutungen für mich einen konkreten Inhalt. Meine Bibel wurde zumeist von Kommunisten gelesen; wir führten Gespräche bis tief in die Nacht hinein.

Ein Verhör war für mich besonders belastend, weil im Vernehmungsraum der Apparat stand, mit dem der illegale Nachrichtendienst vervielfältigt worden war. Bei einer Groß-Razzia war auch er gefunden worden. Nun erwartete ich, damit identifiziert zu werden; doch die Stapo hatte damit offenbar nichts anfangen können. In der Vernehmung ging es ständig um Personen: Wer, was, wann, wo? Ich kannte natürlich einige Orte und Namen, wollte sie aber nicht nennen, weil ich doch nicht wissen konnte, wer nun wirklich beteiligt gewesen war. Die Vernehmer wurden allmählich unruhig und verließen zuletzt erbost den Raum. Da murmelte die Protokollantin leise vor sich hin: „Die anderen haben auch nichts gesagt." Und damit war die Situation wieder klar. So endete dann auch diese Verhaftung nach relativ kurzer Zeit. Doch nun mußten sich alle Beteiligten zurückhalten, damit nicht neue Aktionen provoziert wurden. Ich wurde für einige Zeit freigestellt und machte im April 1938 mein Zweites Theologisches Examen.

Damals war Bonhoeffer öfter in Berlin, um Kontakt mit den Männern der Bekennenden Kirche zu halten. Dort hatte er auch einige der Illegalen wiedergesehen. Im Frühjahr hatte ich ein längeres Gespräch mit ihm. Er sagte damals ziemlich abrupt – so, als habe er das alles jetzt erst erfahren: „Es gibt Krieg; dagegen muß etwas getan werden." Ich war zuerst etwas mißtrauisch, weil immer wieder jemand mit dieser Behauptung auftrat. Ich fragte also nach. Und Bonhoeffer bestätigte mit entschiedener Eindringlichkeit, daß er genau wisse, wie jetzt die weiteren Aktionen in Richtung Osten geplant seien. Mehr wollte er nicht sagen, aber er vermittelte den Eindruck, daß es sich hier um klare und endgültige Planungen handle. Danach sprachen wir weiter über die Problematik, die sich aus dieser Lage für einen Christen ergebe, denn die protestantische Ethik hat für einen derartigen Fall keine Weisungen bereit; die Reformierten kennen den „Tyrannenmord", aber auch das hilft in solch einer Lage nicht weiter. Daraus zog Bonhoeffer den Schluß, daß er nun die ethischen Dimensionen des Widerstandes und dessen biblische Grundlagen genauer untersuchen müsse.

Wir sprachen auch über die Schwierigkeit, wie überhaupt mit den biblischen Weisungen zu ethischen Fragen umzugehen sei. Er wunderte sich, daß die biblischen Väter oft mehrere Frauen hatten und daß das als Selbstverständlichkeit galt. Und er überlegte, wie es eigentlich zur Einehe gekommen sei. Er war auch erstaunt, daß es im Alten Testament keine Freiheitsstrafen gibt; es wird verbannt, ausgestoßen, gesteinigt, aber nicht eingesperrt. Und mit einer gewissen Beunruhigung stellte er fest, daß dort kräftig zur Ehre Gottes gelogen, totgeschlagen, betrogen, geraubt, die Ehe geschieden und gehurt wird (im Stammbaum Jesu erscheint die Hure Rahab aus Jericho, siehe Josua 2, 1ff und Matthäus 1, 5). Er fragte sich, ob das eine religiöse Vorstufe sein könne. Doch das schien ihm unwahrscheinlich, weil es doch im Alten und im Neuen Testament immer um den gleichen Gott geht. Muß das nun doch anders gedeutet werden? fragte er.

Im Hintergrund von Bonhoeffers Wissen über die Kriegsvorbereitungen stand ein Ereignis, das am 5. November 1937 stattgefunden hatte. Hitler hatte die Spitzen der Wehrmacht versammelt und ihnen erläutert, wie der Krieg vorbereitet und durchgeführt werden solle. Es waren nur die vier Oberkommandierenden und der Außenminister anwesend; Oberst Hossbach führte Protokoll. Bonhoeffers Schwager Hans von Dohnanyi hatte freundschaftlichen Kontakt zum persönlichen Adjutanten Hitlers, Hauptmann Wiedemann, der ihn wahrscheinlich über Hitlers Kriegspläne informierte. So erfuhr Bonhoeffer, was bald zu erwarten war. Solch ein präzises Wissen fordert die Verantwortung des Menschen heraus. Da geht es nicht mehr nur um Gerüchte, sondern um „Tatsachen". Ich habe diesen Hintergrund damals noch nicht gekannt. Das Hossbach-Protokoll ist erst nach dem Krieg bekanntgeworden. Doch für Bonhoeffer scheint vor diesem Hintergrund die wichtigste Entscheidung gefallen zu sein. Er wußte nun, daß er nicht abwarten und den Dingen ihren Lauf lassen könne, sondern daß er Verantwortung übernehmen mußte.

Da wir Illegalen auch über die Zukunft besorgt waren – jedoch nicht so präzise wie Bonhoeffer –, fragten wir uns, wie es weitergehen solle und welche „Rücksicht" wir noch auf die „Obrigkeit" zu nehmen hätten. Dieses Thema wurde in manchen Konventen und in theologischen Vorträgen behandelt. Helmut Gollwitzer – seit Juli 1937 Vertreter des verhafteten Martin Niemöller in der Dahlemer Gemeinde – fuhr nach Stettin, um dort im kleinen Kreis an einer Besprechung teilzunehmen. Er nahm Hellmut Traub mit, den er aus der Bonner Studienzeit bei Barth kannte. Es ging um den Hitlerstaat, also um die Frage, wie wir uns angesichts der zunehmenden Brutalisierung verhalten sollten. Die Anwesenden konnten sich über den „Charakter" dieses Staates „nicht einigen"; und Bonhoeffer war äußerst zurückhaltend und antwortete nur vorsichtig. Traub war sehr enttäuscht. Später, als er ihn allein traf, fragte er unverblümt: „Was sollen wir nun eigentlich tun in dieser Situation?" Bonhoeffer sagte ihm dann: „Ich habe Sie gut verstanden, aber wenn Sie Schritte tun wollen, dann muß das auch konsequent geschehen und in eine ganz andere Richtung gehen; man muß die Entwicklung stoppen, aber nicht naiv, kindlich, aus Ressentiments heraus, sondern bewußt und gezielt." Bonhoeffer verwarf jeden hemmungslosen Aktionismus. Traub hatte den Eindruck, daß Bonhoeffer auf der Suche nach einer neuen verbindlichen Gestalt des christlichen Lebens war. Dazu gehörte auch das, was er „Zucht" nannte. Nichts dürfe willkürlich, unüberlegt geschehen. Bonhoeffer hat Traub damals „an die Welt gewiesen", also an eine Verantwortung, die – mißverständlich formuliert – außerhalb der Kirche (als Organisation) wahrgenommen werden muß. Das waren nur vage Hinweise; aber Bonhoeffer hatte bereits erkannt, daß jede Form von Widerstand nur in Eigenverantwortung geschehen kann.

Offenbar war Bonhoeffer angesichts der neuen Belastungen durch das Himmler-Verbot besorgt, daß in der Leitung der Bekennenden Kirche die Kraft zum Widerstand erlahmen könne. Präses Scharf erinnert sich, wie Bonhoeffer ihn eindringlich mahnte: Haltet an der erfahrenen Gemeinschaft der Bekennenden Kirche fest. Ihr dürft nicht fragen, ob ihr Jesus Christus anderswo – etwa im Kompromiß mit der amtlichen Kirche – billiger haben könnt.

Für Bonhoeffer war deutlich geworden, daß es sich nun um einen Kampf zwischen Gott und Teufel handelte. Der Teufel war für ihn eine konkrete Größe. Schon 1933 hatte er in dem Kolleg über theologische Literatur festgestellt: „Am Schicksal sind sowohl Gott wie Teufel beteiligt; doch Gott und Teufel befinden sich nicht in derselben Dimension; sie streiten zwar um den Menschen, aber am Ende siegt die Erlösung über das Böse." In einem Rundbrief vom 15. August 1941 – Bonhoeffer hielt von Anfang an mit allen Seminar-Kandidaten Kontakt, indem er in längeren Abständen Rundbriefe versandte mit Informationen, theologischen Überlegungen und den für alle vorgesehenen Meditationstexten – wurde diese Vorstellung weiterentwickelt: „Gott und Teufel liegen in der Welt miteinander im Streit. Angesichts des Todes kann man nicht einfach sagen: Gott will es. Auch das andere gilt: Gott will es nicht. Der Tod zeigt an, daß die Welt nicht so ist, wie sie sein sollte. Zugespitzt formuliert: Gott willigt ein in das, was Gott nicht will; der Tod muß dennoch Gott dienen. Gott will – letztlich – die Überwindung des Todes durch den Tod Jesu Christi."

Bonhoeffers Zwillingsschwester Sabine war mit dem Juristen Gerhard Leibholz (geboren 1901) verheiratet. Sie lebten in Göttingen. Im Sommer 1938 kam aus dem Justizministerium die Warnung, daß Juden in Kürze in die Pässe „Sarah" beziehungsweise „Israel" geschrieben und die Grenzen damit für sie gesperrt würden. Professor Leibholz stammte aus einem jüdischen Haus; er war wegen seiner Herkunft entpflichtet worden, war aber bisher unbehelligt geblieben. Nun wurde der Kontakt zwischen Berlin und Göttingen intensiviert. Dietrich Bonhoeffer und Eberhard Bethge reisten nach Göttingen und halfen am 9. September 1938 der ganzen Familie, daß sie noch heil über die Schweizer Grenze ins Ausland gelangen konnte.

Die Familie Bonhoeffer lebte seit Oktober 1935 in Charlottenburg. Ein Neubau nach eigenen Plänen war in der Marienburger Allee errichtet worden. Direkt daneben hatten sich Schleichers angesiedelt, die Familie der Tochter Ursula. Im Hause Bonhoeffer wurden – wie damals in vielen Familien – mancherlei Vorsichtsmaßnahmen getroffen: die Kaffeemütze über dem Telefon, das Flüstern im Zimmer, die Beobachtungen der Ereignisse auf der Straße und in der Umgebung. Abends 22 Uhr die Nachrichten des BBC – die einzige zuverlässige Informationsquelle.

Der wichtigste Informant blieb für die Bonhoeffers Hans von Dohnanyi (geboren 1902), verheiratet mit Bonhoeffers Schwester Christine, ab 1929 im Justizministerium tätig, ab September 1938 als Reichsgerichtsrat in Leipzig und ab August 1939 als Sonderführer im Stab von Canaris – der militärischen Abwehr. Er hatte seine Informationen aus erster Hand und war somit derjenige, der genau Bescheid wußte und an seine Familie das Wichtigste weitergeben konnte.

In diesen Jahren wurde eine Dimension deutlich, die es vorher – jedenfalls für viele – so nicht gegeben hatte: die „Judenfrage". Für die bürgerliche Gesellschaft gehörten zu den Juden nur diejenigen, die nicht getauft waren. Die Kirche erschrak nach 1933, als sie unerwartet feststellen mußte, wie viele ihrer Pfarrer oder Gemeindeglieder gemäß den neuen Rassengesetzen nun zu den „Nichtariern" gerechnet werden mußten. Es mag schon früher in der politischen Literatur der NS-Rassenbegriff verwendet worden sein. Doch erst durch Hitler wurde die Priorität der Rasse vor der Religion festgelegt. Daraus läßt sich die Ratlosigkeit erklären, mit der auf christlicher Seite zu Anfang reagiert wurde, aber auch die bewußte Zuwendung zu den „Nichtariern" in den eigenen Reihen, die es nun gab. Heinrich Grüber (geboren 1891, Pfarrer in Berlin-Kaulsdorf) hat 1937 im Auftrag der Bekennenden Kirche ein Hilfswerk für die Juden in den eigenen Reihen aufgebaut. Dietrich Bonhoeffer war froh, daß endlich auch von seiten der Bekennenden Kirche etwas für die Gefährdeten und Verfolgten getan wurde. Er sprach mit Grüber, um zu erfahren, welche Erfahrungen er mit seinen Aktionen gemacht habe. Grüber hat seine Arbeit in einem Interview später so charakterisiert: „Für die Synagogen-Juden sorgte die jüdische Weltorganisation. Aber für die getauften Juden oder die religionslosen Juden hat sich keiner eingesetzt. Diese Not bestand seit dem Erlaß der Nürnberger Gesetze im September 1935. Damals wurde eine kleine Hilfsaktion begonnen und das Büro Grüber in der Oranienburger Straße eingerichtet. Wir haben versucht, Hilfe zu schaffen. Es ging ja nicht nur um Auswanderung, sondern auch um wirtschaftliche, rechtliche und vor allem auch seelsorgerliche Betreuung. Am 9. November 1938 geschah mehr als nur das, was wir ‚Kristallnacht' genannt haben. Fensterscheiben wurden zerschlagen, Möbel zerstört, Geschäfte geplündert. Doch schlimmer war noch, daß Menschen verprügelt, geschunden, verhaftet wurden. Alle, die der Abstammung nach Juden waren, wurden mitgenommen, ganz gleich, zu welcher Religion oder Konfession sie gehörten. Allein 45 Amtsträger der Evangelischen Kirche waren darunter. Etwa 30.000 jüdische Mitbürger wurden in Konzentrationslager gebracht. Fast hundert waren während der Ausschreitungen ermordet worden. Fast tausend begingen aus Verzweiflung Selbstmord. Das Ausland nahm von alledem kaum Notiz; es kam kein Protest."

Grüber hat mir den weiteren Ablauf der Arbeit dann so erläutert: „Wir standen vor der schwierigen Aufgabe, für die Verfolgten im Ausland Unterkunft zu finden. Von der Gestapo hatten wir die Zusicherung erhalten, daß alle, für die eine Auswanderungsmöglichkeit gegeben war, aus dem KZ entlassen würden. Bis Mitte Februar 1939 konnte ich die 45 Amtsträger wieder frei bekommen. Das englische Innenministerium hatte uns für diesen Zweck 45 Blanko-Visa zur Verfügung gestellt. Leider sind die Nachbarländer damals sehr zurückhaltend gewesen. Hunderttausende hätten sonst gerettet werden können.

Bis zum 9. November 1938 haben wir uns nur um Juden gekümmert, die nicht zur Synagoge gehörten. Gewisse orthodoxe Kreise hatten es nämlich abgelehnt, getauften Juden Hilfe zu verschaffen. Nach dem 9. November 1938 war die Reichsvereinigung der Juden nicht mehr aktionsfähig. Da haben ‚wir Arier' ihre Belange bei den Ministerien, der Gestapo und ihrem zuständigen Leiter Obersturmbannführer Adolf Eichmann (geboren 1906) vertreten.

Die Arbeit war lawinenartig angewachsen. Zuletzt habe ich 37 Mitarbeiter gehabt – alle Opfer der Nürnberger Gesetze. Nur drei von ihnen sind am Leben geblieben.

Um helfen zu können, haben wir auch illegale Wege beschritten. Wir haben Menschen über Ungarn in den Balkan geschleust oder auf anderen Wegen aus Deutschland herausgeschmuggelt. Jede einzelne Aktion kostete zwei- bis dreitausend Mark. Wir planten auch Großauswanderungen." – Der Krieg und die Verhaftung Grübers, der ins KZ kam, führten dazu, daß die Arbeit in dieser Form beendet werden mußte.

Im Frühjahr 1942 – also nach der offiziellen Beendigung der Auswanderungsmöglichkeit für Juden – wurden Hans von Dohnanyi Fälle akuter Gefährdung von Juden bekannt, denen die Ermordung im KZ drohte. Er wußte, daß die Abwehr-Außenstellen kaum noch Hilfe bieten konnten, und entschloß sich deshalb zu einer Rettungsaktion für einige gefährdete Juden, die er kannte. Bonhoeffer war zu dieser Zeit an einer akuten Lungenentzündung erkrankt und konnte sich kaum um die Aktion kümmern. Er war aber froh, daß sein Schwager alle seine Kräfte daransetzte, diesen Menschen zu helfen. Admiral Canaris beteiligte sich an dieser Aktion und nannte zusätzlich Namen von Gefährdeten. So ergab sich eine Gruppe von sieben Erwachsenen; außerdem gehörten noch die Kinder dazu. Bonhoeffer hatte seinerseits Charlotte Friedenthal (geboren 1892) benannt, die als Sachbearbeiterin in der Leitung der Bekennenden Kirche einen Vertrauensposten innehatte und jetzt in Lebensgefahr schwebte. Die Rettungsaktion, die unter dem Namen „U 7" lief, konnte jedoch nur so durchgeführt werden, daß alle Beteiligten als „Agenten der Abwehr" getarnt und von der Abwehr mit den nötigen Geldmitteln ausgestattet ins Ausland (Schweiz) geschleust wurden. Und das wiederum war nur möglich, wenn die notwendigen Reisepapiere vorgelegt werden konnten. Canaris und Himmler scheinen in dieser Sache mehrmals miteinander gesprochen zu haben.

Große Schwierigkeiten ergaben sich zuletzt daraus, daß die Schweiz im August 1942 ein totales Einreiseverbot erließ. Das konnte später dadurch gemildert werden, daß Kantonen, die Flüchtlinge aufzunehmen bereit waren, die Erlaubnis dafür gegeben wurde. Der Schweizer Evangelische Kirchenbund wurde – durch Vermittlung von Bonhoeffer – dringend gebeten, bei dem Chef der Schweizer Fremdenpolizei zu intervenieren und eine Sondergenehmigung für diese Flüchtlingsgruppe zu erwirken, was schließlich nach einigen Spitzengesprächen auch wirklich gelang. – Diese Aktion hat später eine wichtige Rolle als Anklagepunkt nach Bonhoeffers Verhaftung gespielt.

USA

Die Entwicklung ging mit großer Schnelligkeit auf den erwarteten Krieg zu. Am 3. November 1938 wurde Bonhoeffer in das Wehrstammblatt eingetragen, eine Art Vormusterung. Das bedeutete für ihn, daß jede Änderung des Wohnsitzes und jede Reise angemeldet werden mußte. Er hatte sich inzwischen von seinem Nachfolger in Sydenham (London) eine Einladung nach England verschafft, weil er angesichts der zunehmenden Kriegsgefahr mit Freunden im Ausland sein weiteres Vorgehen besprechen wollte. Als Ausweg war zu überlegen: ein Aufenthalt im Ausland, Wehrdienstverweigerung oder Ausweichen in eine geschützte Tätigkeit. Die vorgesehene Englandreise wurde möglich, als er die Unbedenklichkeitsbescheinigung des Wehrbezirks erhalten hatte. Sogleich nach dieser Reise beantragte er die Genehmigung für ein Jahr Lehrtätigkeit in den USA. Für den 22. Mai 1939 erhielt er die Aufforderung zur Musterung. Dieser Bescheid wurde wieder zurückgezogen, und Bonhoeffer erhielt für ein Jahr die Unbedenklichkeitsbescheinigung für die USA.

Vom 10. März bis 18. April 1939 war er in England, um mit dem Bischof von Chichester, mit Professor Niebuhr – der zum Stab des Union Theological Seminary in New York gehörte und in England Urlaub machte – sowie mit Willem Visser't Hooft (geboren 1900) – seit Mai 1938 Generalsekretär des vorläufigen Weltkirchenrates – seine eigene Lage und Ausweichmöglichkeiten zu besprechen. Daraufhin erhielt er eine Einladung ins Seminar nach New York und fuhr am 2. Juni über London dorthin. Schnell stellte er fest, daß dieser Versuch für ihn ein Fiasko bedeutete: Die zunächst vorgesehene Arbeit würde seine Rückkehr nach Deutschland – er war von der Bekennenden Kirche für ein Jahr beurlaubt worden und hatte zugesagt, wieder zurückzukommen – unmöglich machen. Er sollte sich zuerst einmal um die deutschen Emigranten in den USA kümmern. Sehr bald wurde ihm bewußt, daß er sich gerade jetzt nicht im fernen Land seiner Verantwortung in Deutschland entziehen könnte. Am 7. Juli verläßt er New York und kehrt nach Deutschland zurück.

Als ich ihn kurz nach seiner Rückkehr in Berlin traf, war ich verwundert. Ich hatte fest mit seinem Fernbleiben gerechnet. Er erläuterte mir seinen Entschluß so: Seine Glaubwürdigkeit als Lehrer der Theologie wäre zerstört worden, wenn er sich in die Sicherheit gerettet hätte. Alles von ihm Gesagte und Geschriebene hätte seine Qualität verloren, wenn er sich jetzt aus der Konfrontation mit der Realität herausgehalten hätte. Der Christ darf nicht vor der aufkommenden Gefahr fliehen, er darf seinen Bruder nicht im Stich lassen, sondern muß – wie Christus – das irdische Leben ganz auskosten. Nur so ist Christus bei ihm. Am 22. Dezember 1943 schrieb er – im Rückblick auf diese Entscheidung – aus dem Gefängnis an Eberhard Bethge: „Ich habe noch keinen Augenblick meine Rückkehr 1939 bereut, noch auch irgend etwas von dem, was dann folgte. Das geschah in voller Klarheit und mit bestem Gewissen ... Daß ich jetzt (im Gefängnis) sitze ... rechne ich auch zu dem Teilnehmen an dem Schicksal Deutschlands, zu dem ich entschlossen war."

Konspiration

Ende 1939 beginnen die Überlegungen von neuem, wie der Gefahr einer – bald zu erwartenden – Einberufung zur Wehrmacht ausgewichen werden kann. Zuerst dachte Bonhoeffer an die Übernahme eines Wehrmachtspfarramtes. Das zerschlug sich jedoch, weil nur fronterfahrene Pfarrer dafür eingestellt werden durften. Um die nächste Zeit zu überbrücken, unternahm er zwei Visitationsreisen nach Ostpreußen im Auftrag des Bruderrates. Am 4. September 1940 wird Bonhoeffer in Schlawe – seinem offiziellen Wohnort – ein Redeverbot wegen volksverhetzender Tätigkeit erteilt. Damit unterliegt er der ständigen Meldepflicht am Wohnort. An eine Amtsausübung ist nicht mehr zu denken, da er schon vorher aus Berlin ausgewiesen worden war, was allerdings nicht seinen privaten Aufenthalt in seinem Elternhaus betraf. Nun blieb nur noch die Freistellung für wissenschaftliche Arbeiten, aber wie lange würde das noch akzeptiert werden?

In dieser Situation wird sein Schwager Hans von Dohnanyi aktiv. Er schlägt ihm vor, ins Abwehramt des Admirals Wilhelm Canaris einzutreten. Als Bonhoeffer im Juni 1940 gemustert wurde, konnte er mitteilen, daß er für den Chef des Stabes der Abwehr tätig sei.

Ab Ende 1940 wird Bonhoeffer in München als V-Mann geführt, weil die Berliner Zentrale keine V-Männer einstellen darf. Sein

Führungsoffizier wird Wilhelm Schmidhuber, ein Mann, der sehr gute Kontakte zu Dohnanyi hat. Schmidhuber – portugiesischer Ehrenkonsul und Besitzer einer bayerischen Bierbrauerei – war durch Reserveübungen allmählich zum Hauptmann (der Luftwaffe) aufgestiegen. Sein eigentlicher Lebenszweck war jedoch: Geschäfte mit Devisen und Waren aller Art, ein „Spekulant in Offiziersuniform". Das war möglich, weil er zeitweise für seine private Tätigkeit freigestellt war; doch scheint er Privates und Dienstliches nicht immer auseinandergehalten zu haben.

Diese neue Position bedeutet für Bonhoeffer: Er ist ein freier Mann und kann seinen eigenen Interessen nachgehen, muß aber jederzeit für Spezialaufgaben zur Verfügung stehen. Schmidhuber hat für ihn Anfang 1941 die „Unabkömmlichkeit" beantragt und so seine „Uk-Stellung" erreicht; auch hat er für ihn mehrfach die notwendigen Reisepapiere beschafft. Es scheint also so gewesen zu sein, daß Bonhoeffer auch personell bei der Abwehr in München geführt wurde und dadurch in der Berliner Zentrale amtlich nicht erfaßt war.

Bonhoeffer kann nun durch Vermittlung des Rechtsanwaltes Joseph Müller („Ochsen-Sepp"), der auch für die Münchner Abwehr tätig ist, von November 1940 bis Februar 1941 in Ettal leben. Er wohnt in dem zum Kloster gehörenden Hotel, bekommt den Schlüssel zur Klausur, kann die Bibliothek benutzen und an den gemeinsamen Mahlzeiten teilnehmen.

Ich selbst habe in Ettal einige Tage innerhalb der Klausur gelebt und ab morgens vier Uhr alle Rituale mitgemacht. Dabei ist mir der Unterschied zum orthodoxen Ritus – den ich auf dem Berg Athos kennengelernt hatte – besonders deutlich geworden. In Ettal scheint etwas mechanisiert, was auf dem Athos lebendiges Erleben geblieben ist. Bonhoeffer hat wohl ähnlich reagiert, denn er sagte einmal zu mir: „Diese liturgischen Zeiten sind wirklich unlebendig und automatisiert; da wird wenig Lebendiges vermittelt." Bonhoeffer hat in Ettal sehr gute Freunde gefunden, ist in seinem Anliegen intensiv unterstützt worden und wurde auch gegen die Außenwelt abgeschirmt.

Bonhoeffer bleibt ungefähr vier Monate in Ettal. Danach beginnt eine intensive Reisetätigkeit: erste Schweizer Reise vom 24. Februar bis 24. März 1941, zweite Schweizer Reise vom 28. August bis 29. September 1941, dritte Schweizer Reise vom 12. bis 26. Mai 1942.

Bei der ersten Schweizer Reise ist Visser't Hooft – Generalsekretär des vorläufigen Weltkirchenrates – Bonhoeffers wichtigster

Kontaktmann; beide hatten sich zuletzt 1939 in London gesprochen. Von Genf aus laufen alle Verbindungen zu den westlichen Kirchen. Von hier aus ist auch ein Kontakt der deutschen Opposition zu den Freunden im Ausland möglich. Bonhoeffer erläutert in seinen Gesprächen mit Visser't Hooft, daß sich die Haltung der Widerstandsgruppen danach richten wird, welche Antwort sie von den Westalliierten auf die Frage nach den Friedensbedingungen und den Nachkriegsregelungen erhalten würden. Die große Sorge ist, daß die Alliierten einen deutschen Putsch dazu benutzen könnten, die deutsche Front aufzurollen, was zu einer neuen „Dolchstoßlegende" führen müßte.

Die zweite Schweizer Reise erfolgt im September 1941. Inzwischen hat der deutsche Einmarsch in Rußland (22. Juni 1941) begonnen. Hitler erreicht große Erfolge. Doch Bonhoeffer begrüßt Visser't Hooft mit den Worten: „Das ist der Anfang vom Ende, da kommt Hitler nie heraus." – In Genf trifft Bonhoeffer auch Adolf Freudenberg, aus Deutschland emigriert wegen seiner jüdischen Herkunft, zuvor von der Bekennenden Kirche zum Pfarrer ausgebildet und nun in Genf für die Flüchtlingsarbeit zuständig. Ihre Gespräche sind sehr privat. So fragte einmal Freudenberg Bonhoeffer: „Wie beten Sie in dieser Lage?" Seine Antwort: „Ich muß gestehen, daß ich für die Niederlage meines Vaterlandes bete; nur durch eine Niederlage können wir sühnen, was wir angerichtet haben."

In dieser Zeit wird in der Genfer Zentrale unter Bonhoeffers Mitwirkung ein Memorandum über die Nachkriegsordnung in Europa erstellt, bestimmt für christliche Politiker in England und den USA. Darin ein Hinweis: Die Lage der deutschen Opposition hängt entscheidend von der Frage ab, wie Deutschland behandelt wird, wenn es den Krieg verliert. Und in einem Begleitbrief schreibt Visser't Hooft dazu: „Dies alles – was sich auf die deutsche Opposition bezieht – beruht nicht auf einem Wunschdenken, sondern auf der tatsächlichen Entwicklung, wie sie sich aus dem Gespräch mit verantwortlichen Vertretern Deutschlands ergeben hat." Die Enttäuschung folgt bald, denn diese dringend gestellten Fragen bleiben ohne Antwort. Theologen in New York meinten, es sei irreal, zum gegenwärtigen Zeitpunkt über Friedensbedingungen zu sprechen. Sie glaubten nicht daran, daß der deutsche Widerstand stark genug sein würde, die Lage wirklich zu beeinflussen.

Mitten in die Planung für seine dritte Schweizer Reise hinein kommt ein Sonderauftrag: Am 1. Februar 1942 war der norwegische

Kirchenkampf entbrannt, nachdem der Nazi-Kollaborateur Vidkun Quisling (geboren 1887) Ministerpräsident geworden war. Die Bischöfe legten ihre Ämter nieder, die Lehrer streikten, zu Ostern übten auch 5.000 Pfarrer ihre Ämter nicht mehr aus. Bischof Berggrav bekam am Gründonnerstag Hausarrest, am 8. April wurde er in ein Gefängnis eingeliefert. Zwischen den Wehrmachtsstellen in Norwegen und der Abwehr bestehen direkte Verbindungen. Falls sich die Lage weiter zuspitzen sollte, würden sofort zwei Beauftragte nach Oslo entsandt; es sind Dietrich Bonhoeffer und Helmuth James von Moltke (geboren 1907) – der Initiator des Kreisauer Kreises. Sie reisen nach Oslo und können erreichen, daß der Kirchenkampf dort nicht weiter eskaliert und daß Bischof Berggrav weiterhin geschützt bleibt.

Die dritte Schweizer Reise bringt Bonhoeffer in eine sehr unangenehme Lage. Im Mai 1942 – angesichts der deutschen Kriegserklärung an die USA und des japanischen Angriffs auf Pearl Harbour sowie der Wannseekonferenz zur „Lösung der Judenfrage" – besteht ein starkes Mißtrauen gegenüber einem Mann, der ohne weiteres mit Paß und Devisen in die Schweiz einreisen darf. Ist er der Handlanger für einen Putsch nationalistischer Militärs? Oder ist er gar ein Mann, der sich mit der Gestapo eingelassen hat? Am Pfingstmontag hat Bonhoeffer dann ein langes und ausführliches Gespräch mit Karl Barth. Dieser hat es so in Erinnerung: „Bonhoeffer hat mir von der Absicht der Bildung einer Generalsregierung gesprochen, die dann die deutschen Truppen an den bestehenden Fronten und in den besetzten Gebieten zunächst stehen lassen und auf dieser Basis mit den Alliierten verhandeln will. Ich erinnere mich deutlich an Bonhoeffers große Verblüffung, als ich ihm sagte, ich halte es für unmöglich, daß die Alliierten sich darauf einlassen würden. Der Hauptpunkt meiner damaligen Unterhaltung war übrigens die Frage: konservativ-autoritäre oder demokratische Form der geplanten neuen deutschen Regierung?"

Bonhoeffer stand damals unter erheblichem Zeitdruck. Er wollte – was er jedoch nicht mitteilen konnte – am 31. Mai in Sigtuna (Schweden) George Bell, den Bischof von Chichester, treffen. Es ging wieder um den Kontakt zur britischen Regierung und die Zusage, daß die Alliierten einen Regierungssturz nicht für eine schnelle Vernichtung des deutschen Heeres nutzen würden. Als Beteiligte am Widerstand wurden dem Bischof genannt: Beck, Goerdeler, von Hammerstein, Leuschner und Kaiser. Die Bitte an den Bischof, die britische Regierung über die Lage zu informieren und zu versuchen, eine Art Stillhalteabkommen zu erreichen, wurde ausgesprochen. – Diese Bitte ist auch erfüllt worden. Doch am 17. Juni erhält der Bischof von Chichester die Antwort des Außenministers Anthony Eden, daß es nicht im nationalen Interesse läge, den Deutschen irgendeine Antwort zukommen zu lassen. Später präzisiert er seine Position so: Die britische Regierung hat nicht den Wunsch, Deutschland zu versklaven; die unerbittliche Vergeltung gilt nicht für diejenigen, die gegen die Naziregierung eingestellt sind. – Diese Aussage besagte allerdings nur: Erst soll die Opposition handeln, dann werden wir weitersehen. Eine derartige Äußerung nutzte natürlich der deutschen Opposition gar nichts. Dennoch liefen die Vorbereitungen für ein Attentat weiter, und dieses geschah dann am 20. Juli 1944, ohne internationale Rückendeckung, einfach deshalb, weil es um der eigenen Glaubwürdigkeit und Integrität der Beteiligten willen notwendig war.

Seit Kriegsbeginn hatte es immer wieder Treffen deutscher und westlicher Geheimdienstvertreter gegeben, um Möglichkeiten hinsichtlich eines Friedensschlusses auszuloten – meist mit dem Ziel, einen Westblock gegen den Ostblock zustande zu bringen. Auch die Gestapo scheint solche Möglichkeiten recherchiert zu haben, später allerdings – als sich die westliche Seite auf die bedingungslose Kapitulation Deutschlands festgelegt hatte – wurden hier auch Versuche mit Billigung der Gestapo unternommen, gegebenenfalls zu einer Übereinkunft mit dem Osten gegen den Westen zu kommen. Die Versuche der Abwehr, in irgendeiner Weise dem Frieden näher zu kommen, sind also nicht Einzelaktionen, sondern wurden parallel auch von anderen Stellen unternommen. Hitler wurde zweimal auf konkrete Friedensmöglichkeiten hingewiesen, hat diese aber jedes Mal rigoros abgelehnt. Die Widerstandsgruppe Oster und die Männer um den ehemaligen Leipziger Oberbürgermeister Carl Friedrich Goerdeler (geboren 1884) haben dem grausamen Morden nicht Einhalt gebieten können.

Um meine eigene Lage in dieser Zeit zu verdeutlichen, ist ein kurzer Rückblick nötig. Mit Kriegsbeginn war ich nach Werder an der Havel versetzt und unter den Schutz des dort amtierenden Pfarrers Walter Posth gestellt worden. Als Unterkunft diente uns ein kleines Sommerhaus, das dem jüdischen Rechtsanwalt Kempner gehört hatte und uns von dessen Rechtsvertreter zur Nutzung überlassen wurde. Es lag auf einer kleinen Anhöhe an der Straße Im Kesselgrund. Zu unserer Heirat im November 1939 hatte Bonhoeffer sein Kommen zugesagt, aber kurzfristig absagen müssen. Da ich Jahrgang 1911 bin, erfolgte direkt danach die Musterung, bei der ich wegen der Folgen einer Knieoperation freigestellt wurde. Die Arbeit in Werder verlief reibungslos, bis ich zum 12. Februar 1941 eine Vorladung zur Gestapo-Stelle Potsdam erhielt. Die Vernehmung fand in einem großen Raum durch einen elegant gekleideten und sehr höflichen SS-Offizier statt, der dort allein residierte. Er unterhielt sich sehr interessiert über meine derzeitige Tätigkeit, bis er plötzlich fragte, woher ich ein illegales Schriftstück gehabt hätte, das ich vervielfältigt hatte. Nun wurde das Verhör kritisch, aber ich kam heil durch. Gegen Ende holte er ein etwa sechs Zentimeter dickes Aktenbündel aus seinem Schreibtisch und erklärte mir, diese Akten über meine Tätigkeit habe er aus Berlin angefordert. Das sei genug für die Einweisung in ein „Arbeitslager". Ich wartete auf meine Verhaftung, doch er fuhr fort: Sie können gehen, wir werden Sie in einer Woche „einberufen". Dieses Geschenk nutzte ich, fuhr nach Berlin ins Heereswaffenamt, wo bereits Horst Ernst Behrendt, der später die Vagantenbühne in Berlin gründete, untergekommen war. Als er meine Lage erfuhr, ging er zu General Jung, dem Leiter des Amtes. Dieser ließ mich sofort kommen, erkundigte sich genau nach meiner Lage und stellte mich als Zivilangestellten ein. Nun hatte ich einen Wehrmachtsausweis, ein festes Gehalt, Schutz vor der Gestapo und eine Sicherung angesichts der anstehenden Musterung. Meine Dienstzeit dauerte von 8 bis 16 Uhr. Die freie Abendzeit und die Wochenenden konnte ich weiter für kirchliche Tätigkeiten verwenden.

Da ich nun ständig in Berlin war, war es ziemlich einfach, Bonhoeffer kurzfristig zu treffen. In diesen Gesprächen ging es oft um Bücher. In den USA hatte er den Roman von George Santayana „Der letzte Puritaner" entdeckt, der ihn – wie die Briefe aus Ettal zeigen – stark beschäftigt hat. Dieser spanisch-amerikanische Philosoph (1863 in Madrid geboren und Katholik geblieben) beendete 1919 seine Universitätslaufbahn und lebte als Privatmann in Oxford, Paris und Rom. Dort starb er 1952. Vorwiegend verfaßte er philosophische Schriften, nur zuletzt diesen Roman, die Geschichte des Millionärssohnes Oliver, der sich nicht aus der puritanischen Konvention zu lösen vermag. Gezeigt wird das Scheitern eines Menschen, der – wie Bonhoeffer es interpretiert – nie das Ganze wagt und darüber schließlich einsam und lächerlich wird; alles bleibt bei ihm ohne Leben. Dennoch: Bonhoeffer fand es faszinierend, daß ein begabter Philosoph am Ende seines Lebens das Scheitern eines Idealisten und Puritaners auf fast 700 Seiten lebendig und anschaulich darzustellen vermag. Ihn fesselte die Problematik eines Menschen, der zu viel weiß, zu gut erzogen ist und sich zu sehr bemüht, sein eigenes Leben zu behüten. Dieser Mensch war ihm nah.

1941 war durch einen Aufsatz von Rudolf Bultmann die Frage nach der „Entmythologisierung", also der Ausschaltung von allem Mythischen aus der Lebensgeschichte Jesu, aufgeworfen worden. Diese Ausführungen haben damals in kirchlichen Kreisen viel Unruhe erzeugt. Bonhoeffer sprach anerkennend über den Versuch; er war froh, daß endlich wieder neue Aspekte in die theologische Diskussion hineinkamen. Jesus wird durch Bultmann in eine neue Perspektive gerückt. Dazu ein Zitat: „Christus begegnet uns im Wort der Verkündigung, das uns fragt, ob wir es glauben wollen oder nicht. – Als historisches Ereignis ist nur der Osterglaube der ersten Jünger faßbar."

Das alles erinnert in gewisser Weise an Gedanken, die Bonhoeffer auch nahelagen, doch er wollte nicht nur die mythologischen, sondern auch die religiösen Begriffe bei der Wertung der Person Jesu ausschalten. In einem Brief vom 27. Juni 1944 aus dem Gefängnis wird deutlich, wie er die Auferstehung Jesu interpretiert: „Die christliche Auferstehungshoffnung unterscheidet sich von der mythologischen darin, daß sie den Menschen in ganz neuer und verschärfter Weise an sein Leben auf der Erde verweist." Und an anderer Stelle: „Die vorzeitige Flucht ins Jenseits ist dem Christen verwehrt; er ist in seinem Leben ans Diesseits gewiesen."

Ein weiteres Buch hat Bonhoeffer begrüßt. Der Däne Vilhelm Grönbech hatte „Jesus der Menschensohn" veröffentlicht, den ersten Band einer längeren Darstellungsreihe. Das war eine moderne Interpretation Jesu, eine Art Vermenschlichung, was sich schon darin zeigte, daß auch der Humor Jesu beschrieben wurde. Der Jesus, den Grönbech darbietet, steht der Gesellschaft grundlegend kritisch gegenüber, also muß es zum Konflikt kommen. Jesus – ein Mann des Widerstandes gegen die Saturiertheit.

In unseren Gesprächen hat Bonhoeffer gemeint, daß Literatur nicht ein Abbild der Wirklichkeit sein sollte, sondern ein Mittel zum Träumen; sie soll zum Verlassen der Wirklichkeiten helfen. Die

Wirklichkeit zeigt sich selbst; sie muß nicht beschrieben werden; doch träumen hilft, das Leben zu meistern.

Gespräche mit Bonhoeffer verliefen oft sprunghaft; so auch diesmal. Er war noch auf ein anderes Buch gestoßen, das er in früher Jugend gern gelesen hatte: „Ulysses“ von James Joyce. Ihn reizte der Monolog eines Menschen, der sich nüchtern selbst darstellt und analysiert, ohne etwas auszulassen. Er bat mich, ihm den Text zu besorgen. Das habe ich auch getan und später – es dauerte lange, bis ich das Buch in englischer Sprache fand – versucht, ihm das Buch ins Gefängnis zu senden. Offenbar ist es aber nie bei ihm angekommen.

Bonhoeffers Positionen sind immer variabel gewesen; für ihn war nie etwas endgültig – abgesehen von Person und Werk Jesu Christi. Was er gestern geschrieben hatte, konnte er heute als überholt und unwichtig ansehen. Auch Theologie war für ihn nichts Endgültiges, sondern ein Mittel, um den Weg zur verantwortlichen Tat zu finden. Bonhoeffer ist mit der Zeit zu einem „theologischen Praktiker“ geworden, der seine eigene Sicherheit ganz aus der Person Christi bezog. Das Risiko, das der Mensch auf seinem Lebensweg eingehen muß, ist durch Jesu Leiden abgedeckt.

Ich hatte mit Bonhoeffer vereinbart, daß er einmal zu uns nach Werder kommen würde. Das ergab sich kurzfristig für den 7. November 1942, meinen Geburtstag. Es kamen noch Konrad Zweigert, freigestellt für seine Arbeit im Institut für Internationales Recht, und Werner von Haeften (geboren 1908). Letzterer stammte aus einer Offiziersfamilie, war als Konfirmand von Niemöller überzeugter Christ, neigte aber etwas zu Träumen. Als Berufsoffizier wurde er sofort bei Kriegsanbruch eingesetzt, wurde verwundet und war jetzt in einer Abteilung des Oberkommandos in Berlin tätig.

Wir hatten uns in unserem kleinen Wohnzimmer niedergelassen: ein Sofa, ein Tisch, eine Stehlampe und zwei Sessel, mehr paßte nicht hinein. Ein weiterer Stuhl mußte aus meiner Arbeitskammer geholt werden. Geheizt wurde mit einem Anthrazit-Dauerbrenner. Nachdem wir gegessen hatten, saßen wir zusammen und beredeten die Schwierigkeiten der Gegenwart und überlegten, wie der Entwicklung entgegengewirkt werden könnte. Werner von Haeften hatte sich kaum an diesen Überlegungen beteiligt. Plötzlich wandte er sich direkt an Bonhoeffer mit den Worten: „Soll ich schießen? Ich kann mit der Waffe ins Führerhauptquartier kommen; ich weiß, wann die Besprechungen stattfinden; ich kann mir Zutritt verschaffen; ich bin bereit, mein Leben einzusetzen." Diese Worte erschreckten uns. Bonhoeffer erkundigte sich dann genauer, weil er sich nicht vorstellen konnte, daß ein junger Offizier diese Möglichkeit überhaupt haben könne. Doch Haeften beschrieb uns, wie das für ihn möglich sei. Dann wurde darüber gesprochen, welche Rolle der Eid für einen Offizier spiele. Bonhoeffer erläuterte, daß das Schießen an sich noch gar nichts bedeute, es müsse dadurch auch zu einer Veränderung der Verhältnisse kommen. Die Beseitigung Hitlers allein helfe nicht weiter. Danach könnte es noch viel schlimmer kommen. Die Widerstandsarbeit sei deshalb so schwierig, weil das „Danach" genau vorbereitet werden müsse. Nach dem Attentat müsse eine Machtgruppe da sein, die sofort wirksam die Macht übernehmen könne. Haeften war noch nicht zufrieden, er hielt das alles für zu theoretisch. Er sah eine Chance und wußte nicht, ob er sie ergreifen solle. Bonhoeffer mahnte zur Besonnenheit und zum klaren Abwägen aller möglichen Komplikationen. Haeften fragte: „Soll ich? Darf ich?" Bonhoeffer sagte ihm, daß er ihm diese Entscheidung nicht abnehmen könne. Wenn es für ihn Schuld sei, eine vorhandene Chance nicht ausgenutzt zu haben, dann sei es genauso auch Schuld, leichtfertig mit einer Situation umgegangen zu sein. Schuldlos kommt keiner aus solch einer Lage heraus. Doch – Bonhoeffers Trost – Schuld ist immer von Christus getragene Schuld.

Viele Stunden dauerte dieser Dialog. Wir anderen machten nur einige Randbemerkungen. Spät in der Nacht fuhren alle in dem fast dunklen Zug – die Verdunklung ließ kein sichtbares Licht zu – nach Berlin zurück. Als Adjutant von Oberst Stauffenberg ist Werner von Haeften direkt am Attentat vom 20. Juli 1944 beteiligt gewesen. Nach dem Scheitern wurde er in der gleichen Nacht im Hof des Oberkommandos in der Bendlerstraße erschossen. Mutig und gefaßt ist er – wie Augenzeugen berichtet haben – in den Tod gegangen.

Die Lage im Widerstand war inzwischen immer kritischer geworden. Im letzten Gespräch kurz vor seiner Verhaftung erzählte mir Bonhoeffer von dem Goerdeler-Kreis, zu dem er intensiven Kontakt hatte. Wir sprachen über die Gefahren, die damit verbunden waren, und über die Möglichkeiten, die es jetzt noch gab. Er meinte, wir sollten uns in Zukunft nicht mehr begegnen. Die einzelnen Widerstandskreise müssen gegeneinander total abgeschirmt sein; es darf keine Kontakte zwischen den verschiedenen Gruppen geben, damit die Gestapo nicht „Spuren" verfolgen kann. Gleichzeitig forderte er mich auf, mein Augenmerk auf die russisch-orthodoxe Kirche zu richten, da darüber in seinem Kreis niemand Bescheid wisse. Nach Ende des Krieges müsse diese Kirche, die sich bewußt zum „Vaterländischen Krieg" bekennt, wieder in die ökumenische Gemeinschaft der Kirchen zurückgeführt werden. Dazu sei spezielle Kenntnis nötig. Darum sollte ich feststellen, wie man mit dieser Kirche nach einem gelungenen Putsch umgehen solle.

In diesem Gespräch war schon zu spüren, wie stark Bonhoeffer sich engagiert hatte und wie sehr seine ganze Alltagsplanung von dieser Tatsache geprägt war. Er schien mir besorgt und bedrückt. In mancher Hinsicht war er einsilbig. Man merkte ihm an, daß er vieles von dem, was ihn bewegte, nicht aussprechen konnte. Er machte mancherlei Andeutungen, die ich damals allerdings nicht richtig einordnen konnte. Wir trennten uns wie Menschen, die wissen, daß sie sich wohl nicht wiedersehen werden.

Der Beginn des Jahres 1943 alarmierte alle. Stalingrad war gefallen. Eine schwere Katastrophe zeichnete sich ab. Die verantwortlichen Generäle verharrten in Untätigkeit. Einer, der stark beunruhigt ist: Ewald von Kleist. Im März fährt er nach Berlin und trifft im Hause Bonhoeffer die Söhne Klaus und Dietrich, sowie Jakob Kaiser, Dr. Josef Wirmer und Prinz Louis Ferdinand von Preußen. Er drängt auf schnelles Handeln. Doch gemäß seiner Tradition schwebt ihm die Wiederherstellung der Monarchie vor. Prinz Louis Ferdinand – der rechtmäßige Thronfolger – soll das Signal zum Aufstand geben, dann wird das Ersatzheer – so hofft er – dieses Signal verstehen und befolgen. Eine Entscheidung kann in diesem Kreis nicht erfolgen. Doch es stellt sich bald heraus, daß keiner der Beteiligten in seinem eigenen Kreis Zustimmung zu diesem Plan findet. Ewald von Kleist wiederholt einen Spruch, den ich oft von ihm gehört habe: „Dumm wie ein Intellektueller, glaubenslos wie ein Pfarrer, ehrlos und feige wie ein General." So hat er seine Enttäuschung über die Unfähigkeit oder Feigheit der Menschen zum Ausdruck gebracht.

Am 13. März 1943 nutzt die Gruppe um Oberst Henning von Tresckow einen Frontbesuch Hitlers, um eine Bombe in seinem Flugzeug zu deponieren. Doch der Zünder versagt. Am 21. März wird Hitler im Berliner Zeughaus erwartet, um Beutestücke von der Ostfront zu besichtigen. Eine halbe Stunde war dafür vorgesehen. Oberst Rudolf von Gersdorf hatte einen Sprengkörper bei sich und wollte damit sich und Hitler in die Luft sprengen. Doch Hitler verläßt das Zeughaus bereits wieder nach wenigen Minuten. Auch dieser Versuch war mißlungen.

Jetzt wird ein Vorgang gefährlich, der mit der Abwehrstelle München, in der Bonhoeffer geführt wurde, zusammenhing: Bereits im Frühsommer 1942 hatte die Zollfahndungsstelle Prag einen Tschechen mit Namen David festgenommen, der auf dem Hauptbahnhof hohe Dollarbeträge zu einem Schwarzmarktkurs anbietet und auch wertvolle Edelsteine bei sich trägt. Er war Prokurist einer großen Prager Firma und der Zollfahndung bereits bekannt. Nun wird er der Spionage verdächtigt, da sein Paß mehrere Reisen in die Schweiz ausweist. David erklärt bei seinen Vernehmungen, daß er im Auftrag der Abwehr München – Major Schmidhuber und dessen Mitarbeiter Hauptmann Ickrath – gehandelt habe. Schmidhuber reist sofort nach Prag und beschuldigt David, für den britischen Nachrichtendienst tätig zu sein. Da das nicht stimmt, macht David seinerseits nun zu seiner Verteidigung ausführliche Angaben über Schmidhubers illegale Devisen- und Warengeschäfte. Es stellt sich heraus, daß seine Angaben stimmen. Schmidhuber und Ickrath waren als Luftwaffenoffiziere dienstlich direkt der „Gruppe Luft" in der Berliner Abwehr unterstellt. Sie wird geleitet von Major Walter Brede, der im schärfsten Gegensatz zum Dohnanyi-Kreis steht. In München werden unterdessen die Akten Schmidhubers bereinigt, um möglichst alle Verdachtsmomente gegen die Berliner Widerständler zu beseitigen. Die Untersuchungen der Zollfahndung geraten ins Stocken. Nun wird Schmidhubers militärischer Vorgesetzter Walter Brede eingeschaltet, der seinerseits den Oberstkriegsgerichtsrat Manfred Roeder in Kenntnis setzt, weil dieser für politische Straftaten verantwortlich ist. Die Gestapo – für Hoch- und Landesverrat verantwortlich – beantragt die Verhaftung des geflohenen Schmidhuber, der am 31. Oktober 1942 in Meran festgenommen, nach München gebracht und dort wegen Zollvergehen verhört wird. Hauptmann Ickrath war inzwischen auch verhaftet worden. Beide erklären bei ihren Vernehmungen, nur im Auftrag der Berliner Abwehr gehandelt zu haben; sie machten wohl auch noch genauere Angaben über Kurierdienste, Devisenmanipulationen, Auslandsreisen von Dohnanyi und Bonhoeffer sowie über die

Hintergründe der Aktion „U 7", der Rettungsaktion für vierzehn Juden. Ende November 1942 werden Schmidhuber und Ickrath – jetzt unter dem Verdacht des Hoch- und Landesverrates – in das Gestapo-Gefängnis Prinz-Albrecht-Straße eingeliefert. Die Vernehmung bei der Gestapo führt Kriminalkommissar Franz Xaver Sonderegger. Mitte Februar 1943 ist sein Vernehmungsbericht fertiggestellt und wird dem Chef der Rechtsabteilung der Luftwaffe übergeben, der ihn dann seinerseits der Wehrmachtsrechtsabteilung weiterleitet, da auch Beschuldigungen gegen Angehörige anderer Wehrmachtsteile darin vorliegen. Ein Ermittlungsverfahren gegen die – durch Schmidhuber belasteten – Abwehrmitarbeiter soll beim Reichskriegsgericht vorbereitet werden. Damit ist zwar die Gestapo ausgeschaltet, aber die Gefahr einer Anklage gegen die Dohnanyi-Gruppe nicht beseitigt. Am 5. April 1943 um 10 Uhr erscheinen Roeder und Sonderegger bei Admiral Canaris, melden den Verrat, der in seinem Amt geschehen sei, und legen ihren Verhaftungsauftrag vor. Sonderführer Hans von Dohnanyi wird verhaftet, in der Sakrower Villa bald darauf seine Frau Christine. Durch einen Anruf in Sakrow stellt Dietrich Bonhoeffer fest, daß dort etwas geschehen sei. Schnell überprüft er seinen Schreibtisch in seiner Dachstube und vernichtet alles, was irgendwie gefährlich sein könnte. Bei seiner Schwester im Nachbarhaus wartet er dann auf das, was nun kommen muß. Gegen 15 Uhr erscheinen Roeder und Sonderegger, verhaften ihn und führen ihn ab.

Angesichts dieses Ablaufs der Ereignisse werden einige Vorbehalte gegenüber der inneren Mechanik der Abwehr vorgebracht. Am schärfsten hat das wohl Ulrich von Hassel (geboren 1881) formuliert, der bis 1938 deutscher Botschafter in Rom war; später hat er direkt mit den Verantwortlichen des Widerstandes zusammengearbeitet. Er kannte – von außen – den Apparat der Abwehr und war gegenüber Technik und Methode dieser Institution ziemlich skeptisch. Er hat in seinem Buch „Vom anderen Deutschland" unter dem Datum vom 20. April 1943 notiert: „Die Front der Klarblickenden bröckelt ab; zum Teil nicht ganz ohne eigene Schuld. Der ganze Stall Canaris hat sich Blößen gegeben und überhaupt nicht ganz gehalten, was man von ihm hoffte. Wenn die ‚Guten' nicht klug wie die Schlangen und ohne Falsch wie die Tauben sind, ist nichts zu erreichen." Joseph Müller hat in seinem Buch „Bis zur letzten Konsequenz" angesichts seiner Erfahrungen mit der Abwehr München festgestellt: „In weiten Kreisen des Widerstandes herrschte eine verhängnisvolle Neigung, Berichte und Memoranden zu verfassen und sie auch dann aufzubewahren, wenn keine Notwendigkeit mehr dafür vorhanden war."

Am 22. September 1944 wurde im Zossener Hauptquartier der Wehrmacht in einem Panzerschrank das „Geheim-Archiv" der Verschwörer gefunden. Damit waren präzise Unterlagen über die Vorbereitung eines Putsches, über die Kontakte zum Vatikan sowie über den Inhalt einiger Seiten aus dem Tagebuch von Canaris vorhanden. Diese Beweise änderten die Lage der Verhafteten und Angeklagten grundlegend. Mit ihrer Ermordung mußte gerechnet werden.

Maria von Wedemeyer

Ein Vorgang, der in der Fülle der gewichtigen Ereignisse Anfang 1943 fast wie eine „Episode" aussehen könnte, hat sich für Bonhoeffer als das wichtigste Geschehen herausgestellt.

Im Juni 1942 war Bonhoeffer einige Tage in Klein-Krössin bei Ruth von Kleist, die er von Finkenwalde her kannte und die ihm ständige Unterkunft angeboten hatte. Er nutzte diesen Ort dann öfter zur Entspannung und zum ruhigen Arbeiten an seiner Ethik. Hier begegnete ihm nun unerwartet Maria von Wedemeyer, die inzwischen 18 Jahre alt geworden war. Bonhoeffer war beeindruckt von ihrer Natürlichkeit und Unkompliziertheit. Daß das eine schicksalhafte Begegnung sein sollte, ahnte damals keiner von beiden. Sie sprachen viel miteinander, aber vermieden jede persönliche Aussage. Für Bonhoeffer war Zurückhaltung selbstverständlich; er war von Jugend auf daran gewöhnt, alles zu vermeiden, was wie Zudringlichkeit aufgefaßt werden könnte.

Bald darauf mußte Frau von Kleist nach Berlin reisen, weil sie im Franziskus-Krankenhaus an den Augen operiert werden sollte. Ihre Enkelin Maria hatte sie begleitet, um ihr zu helfen, denn im vierten Kriegsjahr hätte sonst kaum jemand zu ihrer privaten Hilfe zur Verfügung gestanden.

Maria wunderte sich über die vielen Besuche, die Bonhoeffer im Krankenhaus machte. Als ihr Vater am 22. August an der Front gefallen war, war sie froh, daß ihr Bonhoeffer so nahe war und ihr half, über den Schmerz hinwegzukommen. Sie konnte allerdings sein intensives Interesse nicht verstehen – was hätte ein „alter" Mann von einem jungen Mädchen schon erwarten können.

Marias Mutter, Ruth von Wedemeyer aus Pätzig in der Neumark, ahnte bald, daß sich da etwas anbahnte. Sie war besorgt: Der Altersunterschied, die gefährliche Tätigkeit und die Aussichtslosigkeit der Zukunft schienen ihr wesentlich wichtiger als die Träumereien ihrer Tochter. Sie versuchte, die Kontakte der beiden möglichst zu unterbinden. Als ihr jedoch klar wurde, daß Bonhoeffers Absichten sehr ernst waren und wie entschieden ihre Tochter den Wünschen Bonhoeffers zustimmte, forderte sie von beiden eine einjährige „Kontaktsperre". Bonhoeffer wehrte sich dagegen und erreichte, daß seine Verlobung am 17. Januar 1943 erfolgte. Erst nach seiner Verhaftung zweieinhalb Monate später wurde sie offiziell bekanntgegeben.

Wie Maria die Zeit damals erlebt hat, darüber wurde lange nichts bekannt. Doch 1967 berichtete sie davon in der Zeitschrift „Union Seminary Quarterly" und zitierte aus den – für alle anderen unbekannten – Briefen. Sie lebte seit langem in den USA, war mittlerweile zweimal geschieden worden und hatte derzeit einen leitenden Posten in einem großen Konzern. Der Text ist in englischer Sprache verfaßt, die Übersetzung habe ich vor zwanzig Jahren angefertigt. Aus dieser Vorlage zitiere ich einige Partien, die beschreiben, wie sie die letzte Zeit mit Bonhoeffer erlebt hat: „Nach Abschluß der Oberschule sah ich Bonhoeffer bei meiner Großmutter. Der Kontakt war sofort hergestellt. Er besaß die Gabe, den Menschen ihre Schüchternheit zu nehmen, indem er sie ehrlich und aufrichtig akzeptierte. Im Herbst war ich in Berlin. Da hatten wir mancherlei Gelegenheit zu Gesprächen. Es bereitete Bonhoeffer Freude, mich zum Essen in ein kleines Restaurant in der Nähe des Krankenhauses einzuladen, das Hitlers Bruder gehörte. Er behauptete, dieses sei der sicherste Ort für Gespräche. Bonhoeffer konnte abwarten. Nach unserer Verlobung war er weniger zurückhaltend. Aus Achtung gegenüber meiner Familie hatte er zuerst eine Wartezeit akzeptiert. Nun protestierte er in Briefen und Telefongesprächen. Als es ihm schließlich gelang, diese Regelung zu ändern, war es zu spät. Er war bereits verhaftet.

Unser erstes Treffen fand im Reichskriegsgericht statt. Ohne Vorwarnung wurde ich in den Sprechraum geführt. Dietrich war sichtlich erschüttert. Zuerst blieb ich sehr schweigsam, doch dann begann eine normale Unterhaltung. Seine Erregung zeigte sich nur in der Art, wie er meine Hand hielt."

Eine Tagebucheintragung vom 30. Juli 1943, die in den veröffentlichten Brautbriefen enthalten ist, lautet: „Ich saß auf dem roten

Samtsofa, da kamst du herein. Ich hätte dich fast ‚Sie' nennen können: ein dunkler, gut sitzender Anzug, eine konventionelle Verbeugung zum Oberstkriegsgerichtsrat – seltsam fremd ... Als du mich küßtest, da wußte ich, daß ich dich wiedergefunden hatte, mehr wiedergefunden, als ich dich je vorher besessen hatte. Es war alles so anders als beim ersten Mal. Du warst gelöster, ruhiger, aber auch zuversichtlicher." Maria weiter in ihrem Bericht: „Danach sah ich ihn ziemlich regelmäßig, mindestens einmal im Monat. Er erhielt die Erlaubnis, alle vier Tage einen einseitigen Brief zu schreiben. Er wechselte damit zwischen mir und den Eltern ab. Ich selbst konnte so oft schreiben, wie ich wollte. Für den Zensor war das dann eine zusätzliche Geduldsprobe. Schließlich fand sich ein Wachtmeister, der gelegentlich zusätzliche Briefe hin und her schmuggelte.

Dietrich hatte eine Abneigung, seine Gefühle zu zeigen. Wenn er es jedoch einmal wollte, dann tat er es mit einer Intensität, die ihn mehr überraschte als mich." Wie Bonhoeffer selbst reagierte, zeigt ein Brief vom 15. Dezember 1943, den er an Eberhard Bethge aus dem Gefängnis schrieb: „Nun sind wir fast ein Jahr verlobt und haben uns noch nie eine Stunde allein gesehen. Ist das nicht ein Wahnsinn? Alles, was sonst zur Verlobungszeit gehört, das Sinnlich-Erotische, müssen wir bewußt verdrängen ... Wir sitzen alle Monate eine Stunde brav wie auf der Schulbank nebeneinander und werden wieder auseinandergerissen. Wir wissen so gut wie nichts voneinander, haben nichts miteinander erlebt."

Maria: „Dietrich ermutigte mich, die praktische Seite unserer gemeinsamen Zukunft zu planen. Es half ihm, sich ein bestimmtes Möbelstück in unserer zukünftigen Wohnung vorzustellen oder einen Spaziergang durch die Felder, eine vertraute Stelle am Ufer ... Er war fest davon überzeugt – übrigens zu Recht –, der bessere Koch zu sein ... Er wollte Reiten lernen, aber das Jagen war ihm zuwider. Einmal wöchentlich gaben wir Bücher, Wäsche und Lebensmittel für ihn im Gefängnis ab und nahmen wieder mit, was er uns zurückgab." Bonhoeffer hat seinerseits auf diesen Bücheraustausch etwas verwundert reagiert, wie ein Brief vom 28. November 1943 zeigt: „Leider bin ich auf literarischem Gebiet mit Maria noch nicht konform. Sie liest ... Rilke, Bergengruen, Binding, Wiechert, von denen ich die letzten drei für unter unserem Niveau, den ersten für ausgesprochen ungesund halte. Eigentlich passen sie alle gar nicht zu ihr ... Ich mag es gar nicht, wenn Frauen und Männer verschiedener Meinung sind."

Maria: „Wir sprachen auch über die Einzelheiten unserer Hochzeit." Am 12. August 1943 hat Bonhoeffer in einem Brief zu diesen Überlegungen Stellung genommen. „Unsere Ehe soll ein Ja zu Gottes Erde sein; sie soll uns den Mut, auf der Erde etwas zu schaffen und zu wirken, stärken. Ich fürchte, daß die Christen, die nur mit einem Bein auf der Erde zu stehen wagen, auch nur mit einem Bein im Himmel stehen."

Maria: „Dietrich lebte mehr nach Jahreszeiten und kirchlichen Feiertagen als nach Kalendermonaten." Er schrieb Ende 1943: „Eine Gefängniszelle, in der man wacht, hofft, viele unwesentliche Dinge tut und völlig darauf angewiesen ist, daß die Tür der Befreiung von außen geöffnet wird, ist kein schlechtes Bild für Advent." Die Hilfe muß von außen kommen.

Gefangenschaft

Das Tegeler Gefängnis-Areal im Nordwesten von Berlin umfaßt drei Häuser für jeweils 600 bis 700 Gefangene. Ein Teil wurde bei Kriegsbeginn für straffällig gewordene Soldaten zum Wehrmachtsgefängnis umfunktioniert. Bonhoeffer, der als ziviler Angehöriger der Abwehr der Militärgerichtsbarkeit unterstand, wird zuerst in die Abteilung der Isolierzellen eingeliefert, wo die zum Tod Verurteilten gefesselt gefangengehalten werden. Auch Bonhoeffer wurde gefesselt zu den ersten Vernehmungen gebracht, die von Oberstkriegsgerichtsrat Roeder im Beisein von einem Vertreter des Reichssicherheitshauptamtes durchgeführt wurden. Die Gestapo war für alle Verfahren zuständig, in denen es um Hoch- und Landesverrat ging. Durch die Wehrmachtsführung konnte aber durchgesetzt werden, daß für die verhafteten Zivilisten aus der Abwehr das Militärgericht zuständig blieb. In den Verhören ging es um Bonhoeffers Reisen, um die Aktion „U 7" (die Rettung der Juden, bei der auch erhebliche Geldsummen in die Schweiz transferiert worden waren) und um Bonhoeffers Uk-Stellung, die als „Wehrkraftentziehung" interpretiert wurde.

Die ersten Wochen verbrachte Bonhoeffer in völliger Isolierung. Das änderte sich schlagartig, als seine verwandtschaftlichen Beziehungen zum Berliner Stadtkommandanten Paul von Hase bekannt wurden. Das Personal behandelte ihn zuvorkommend, und der Gefängnis-Kommandant sorgte für mancherlei Vergünstigungen.

Der zuständige Pfarrer war Harald Poelchau (geboren 1903), seit dem 1. April 1933 dort angestellt als Staatsbeamter auf Lebenszeit. Damit war er an die Regelungen über den Umgang mit Gefangenen gebunden. Ich kannte Poelchau seit langem. Ich wußte von ihm, daß er – ein Sympathisant der Bekennenden Kirche – alles unterlassen mußte, was ihn in der Öffentlichkeit belastet hätte. Er sah seine Aufgabe darin, auf alle Fälle seinen Posten zu behalten, um den Verurteilten und Todgeweihten so viel Hilfe und Beistand zu geben wie irgend möglich. Über seine Erfahrungen hat er mir nach dem Krieg einen Bericht gegeben:

„Ich habe Dietrich Bonhoeffer erst im Gefängnis kennengelernt. Er lag zunächst in der Isolierabteilung. Oft, wenn ich Nachtdienst hatte, strich ich an seiner Zelle vorbei, an der der besondere Vermerk stand, daß er von niemandem besucht werden dürfe ... Bald wurde er aber in den dritten Stock verlegt, in eine Südzelle, von der aus man einen weiten Blick über den Anstaltshof hinaus auf die Kiefern hatte. Dort konnte ich ihn monatelang fast täglich besuchen. Er war Gefangenen und Wachtmeistern gegenüber ‚gelassen und heiter'. Tagsüber war er intensiv an der Arbeit mit einer Fülle von Büchern und über eigenen Entwürfen. Unterbrochen wurde die Arbeit durch die häufigen Alarme und Fliegerangriffe, von denen der eine seinen Flügel traf, zwei Stockwerke durchschlug und die Gefangenen in den Zellen tötete. Während der Alarme und während der Spaziergänge im Hof wirkte Bonhoeffer als Seelsorger der Mitgefangenen und immer mehr auch der Wachthabenden. Besonders die Sanitätssoldaten gewannen immer engeren Kontakt zu ihm und saßen oft abends lange mit ihm im Revier. Ende Juni 1944 bewegte er sich fast frei im Haus, so daß wir ernstlich erwogen, ob er nicht besser fliehen sollte, was leicht zu bewerkstelligen gewesen wäre ... Er fühlte sich relativ sicher in Tegel, solange sein Onkel, General von Hase, Stadtkommandant war. Dieser besuchte ihn einmal im Gefängnis, blieb fünf Stunden, trank mit ihm Sekt ... Das geschah am 30. Juni 1944. Fünf Wochen später wurde der General hingerichtet. Die Verbindung mit der Außenwelt hielt nun Justus Perels, der Bonhoeffer regelmäßig besuchte, ohne die Gefahr zu fürchten, in der er selbst stand. Er wurde am 5. Oktober verhaftet.

Bei meinen Besuchen sprachen wir nicht nur von seelsorgerlichen Dingen, obwohl sie meist im Mittelpunkt standen. Manchmal waren wir sehr heiter. Eines Tages fragte er mich, ob ich nicht mit ihm Kaffee trinken wollte, wie man es in der Wüste tut. Als ich ihn erstaunt ansah, erzählte er von seinem Zellennachbar, einem englischen

Offizier, der uns beide eingeladen habe, wenn ich es wagen würde, ihn mit ‚herüberzuschließen'. Als wir das in einem günstigen Augenblick taten, gab es ein kleines Fest mit Spirituskocher in dem Sandhaufen, der zu Luftschutzzwecken in jeder Zellenecke lag, mit Kaffee, abgespartem Weißbrot und heiteren Gesprächen.

Dietrich Bonhoeffer fühlte sich ... solidarisch mit seinen Mitgefangenen. Als ich ihn Weihnachten 1943 bat, mir doch zu einem Blatt zu verhelfen, das in alle Zellen – auch in die der Kriminellen – gegeben werden könne, machte er sich mit großer Freude daran. So entstanden die Gebete für die Mitgefangenen."

Aus Bonhoeffers Verhaftung ergab sich für die Bekennende Kirche eine besondere Schwierigkeit: Alle Namen der Amtsträger, die unter polizeilichen Maßnahmen zu leiden hatten, kamen auf eine Fürbittenliste, die ganz oder teilweise im Gottesdienst verlesen wurde. Konnte Bonhoeffer – ein politischer Konspirant – der Gruppe derer zugerechnet werden, die „um des Glaubens willen" zu leiden hatten? Zuständig war für diese Entscheidung der Präses der Bekennenden Kirche von Brandenburg, Kurt Scharf. Wie diese Entscheidung zustande gekommen ist, hat er mir selbst in einem Interview berichtet: „Im Sommer 1943 war ich Schütze beim Wachbataillon der Kommandantur Berlin und wegen meiner Kenntnisse in Stenographie und Schreibmaschine der Kanzlei des Gerichts zugeteilt. Dort besuchte mich mehrfach Harald Poelchau, der auch Zutritt zu dem neben dem Gericht liegenden Militärgefängnis in der Lehrter Straße hatte. Dorthin wurde Bonhoeffer aus Anlaß von Vernehmungen tagsüber öfter gebracht. Poelchau berichtete mir auch über Bonhoeffer. Dabei habe ich ihn gebeten, Bonhoeffer im Auftrag des Altpreußischen Bruderrates die Frage vorzulegen, ob er auf die namentliche Fürbittliste gesetzt werden wolle. Wir sind immer so verfahren, das Einverständnis der Betroffenen oder ihrer Angehörigen einzuholen, da eine solche, den Staat provozierende Maßnahme auch eine Verschärfung des Verfahrens hätte zur Folge haben können. Bonhoeffer hat mich damals wissen lassen, daß er dies nicht für richtig halte. Auf die Liste derer, für welche die Gemeinden im öffentlichen Gottesdienst unter Nennung von Namen zur Fürbitte aufgerufen wird, gehören nur solche, die um ihrer Verkündigung oder um ihres Verhaltens im unmittelbaren kirchlichen Dienst willen gemaßregelt oder verhaftet sind, nicht jedoch die, bei denen der Grund eine – im engeren Sinne – politische Betätigung ist. Sonst dürfte auch sein Name nicht allein aus der Gruppe der

Mitverhafteten herausgegriffen werden, es müßten alle Namen der Mitangeklagten bekanntgegeben werden. Und das war naturgemäß nicht möglich."

Harald Poelchau hat Scharf auch erläutert, wie Bonhoeffer sein Verhalten im Kontext seiner Ethik beurteilte: „Es gibt ausweglose Situationen, in denen Gewalt unvermeidbar ist, um Verderben abzuwehren, also Gewalt gegenüber einem einzigen, sehr mächtigen Verbrecher. Entschließt sich der Christ, Gewalt anzuwenden, kann er dies nur unter Übernahme der Schuld tun und mit der Bereitschaft, die Folgen solcher Schuld auf sich zu nehmen. Bonhoeffer bejaht nach wie vor die grundsätzliche Forderung der unbedingten Gewaltlosigkeit. Jesu Wort bleibt in Geltung: Wer das Schwert zieht, soll durch's Schwert umkommen. Doch es gibt Lagen, in denen Gewalt angewendet werden muß, um Schlimmeres zu verhüten."

Diese Haft bedeutete für Bonhoeffer einen radikalen Bruch mit seinem ganzen bisherigen Leben, abgeschieden von der Familie, von der Braut, den Freunden. An der Wand seiner Zelle fand er eine Inschrift, die ein Vorgänger hinterlassen hatte: In hundert Jahren ist alles vorbei. Über die ersten vier Wochen ist wenig nach draußen gedrungen. Wie eine Notiz an seine Eltern ausweist, hat er wohl auch an ein schnelles Ende gedacht: „Selbstmord, nicht aus Schuldbewußtsein, sondern weil ich im Grunde schon tot bin, Schlußstrich." Er war damals besorgt, daß er die Belastung der Isolation und der Verhöre nicht durchstehen würde.

Im Winter 1943/1944 wurden schwere Bombenangriffe auf Berlin geflogen, durch die auch das Tegeler Gefängnis in Mitleidenschaft gezogen wurde. Ab Mitte 1943 war Bonhoeffer bereits zu Schulungen für den Luftschutz herangezogen worden. Im Ernstfall wurde er dann auch als Sanitäter eingesetzt, aufgrund seiner guten medizinischen Kenntnisse. So kam es zu mancherlei Kontakten im Haus, die später weiter ausgebaut werden konnten. Am 1. Februar 1944 berichtete er: „Die letzten Nächte waren schlimm, besonders die im Januar. Unsere Ausgebombten kamen morgens zu mir, um sich ein bißchen trösten zu lassen. Aber ich glaube, ich bin ein schlechter Tröster. Zuhören kann ich, aber sagen kann ich fast nie etwas. Aber vielleicht ist schon die Art, in der man nach bestimmten Dingen fragt und nach anderen nicht, ein gewisser Hinweis auf das Wesentliche. Auch scheint es mir wichtiger, daß eine bestimmte Not wirklich erlebt wird, als daß man verwischt und retouschiert ... So lasse ich die Not uninterpretiert und glaube, daß das ein verantwortlicher Anfang ist." Im Hintergrund steht bei ihm die Angst, einen Augenblick der Not zu einer religiösen Erpressung auszunutzen.

Am 8. Juni 1944 schreibt er: „Der einfache Mann, der sein tägliches Leben in Arbeit und Familie und gewiß auch mit allerlei Seitensprüngen zubringt ... hat weder Zeit noch Lust, sich mit seiner existentiellen Verzweiflung zu befassen und sein vielleicht bescheidenes Glück unter dem Aspekt der ‚Not', der ‚Sorge',des ‚Unheils' zu betrachten. Die Attacke der christlichen Apologetik auf die Mündigkeit der Welt halte ich ... für sinnlos – weil sie mir wie der Versuch erscheint, einen zum Mann gewordenen Menschen in seine Pubertätszeit zurückzuversetzen, das heißt ihn von lauter Dingen abhängig zu machen, von denen er faktisch nicht mehr abhängig ist, ihn in Probleme hineinzustoßen, die für ihn faktisch nicht mehr Probleme sind; für unvornehm, weil hier ein Ausnutzen der Schwäche eines Menschen zu ihm fremden, von ihm nicht frei bejahten Zwecken versucht wird; für unchristlich, weil Christus mit einer bestimmten Stufe der Religiosität des Menschen – das heißt mit einem menschlichen Gesetz – verwechselt wird." Aus dieser Erkenntnis heraus stellt er Mitte 1944 in dem „Entwurf einer Arbeit" die Forderung auf: „Die Kirche wird die Bedeutung des menschlichen ‚Vorbildes' (das in der Menschheit Jesu seinen Ursprung hat und bei Paulus so wichtig ist) nicht unterschätzen dürfen; nicht durch Begriffe, sondern durch ‚Vorbild' bekommt ihr Wort Nachdruck und Kraft." Das bedeutet: den Glauben durch die eigene Lebensart verständlich machen und Geborgenheit vermitteln.

In Tegel saßen auch einige Ausländer, die von der Wehrmacht aus den verschiedensten Gründen festgenommen, angeklagt und ins Gefängnis eingeliefert worden waren. Einer von diesen war Professor Dr. Ing. Gaetano Latmiral aus Neapel (geboren 1909). Er hat ein Jahr lang mit Bonhoeffer fast täglich gesprochen. Dabei hat er ihn genau beobachten können. Er berichtete darüber nach dem Krieg in Berlin: „Als Pastor hatte er im Gefängnis eine gewisse Bewegungsfreiheit, um vielen so weit wie möglich zu helfen. Er erreichte zum Beispiel, daß bei Luftangriffen der oberste Stock geräumt wurde; hier waren durch Bomben Gefangene umgekommen. Während der Luftangriffe blieb Bonhoeffer vollkommen ruhig und gelassen und unterbrach seine Worte auch bei den schwersten Explosionen nicht. Seine mutige Milde war beruhigend. In seiner Anwesenheit war man gezwungen, sich würdig zu benehmen.

Besonders kümmerte er sich um die jungen Soldaten, die öffentlich gegen Krieg und Regierung geschimpft hatten und als Zersetzer der Wehrmacht zum Tode verurteilt waren (zum Beispiel Bibelforscher als Kriegsdienstverweigerer, Fahnenflüchtige und andere Opfer). Sie waren seine liebsten Brüder. Er sagte: ‚Wir müssen lernen, die Menschen weniger auf das hin anzusehen, was sie tun oder unterlassen, als auf das hin, was sie erleiden. Das einzig fruchtbare Verhältnis zu Mitmenschen ist die Liebe, also der Wille, mit ihnen Gemeinschaft zu halten.'"

Gleich nach Kriegsende ist der Dialog bekanntgeworden, den Latmiral im Tegeler Gefängnis mit Bonhoeffer geführt hat. Er stellte ihm die Frage, wie ein Pfarrer sich an der Vorbereitung eines Attentates beteiligen könne. Und Bonhoeffer antwortete, als Pfarrer habe er die Pflicht, die Opfer eines wild gewordenen Mannes, der mit seinem Auto eine bevölkerte Straße entlang rast, zu trösten, aber er muß auch versuchen, den Autofahrer zu stoppen.

Der 20. Juli 1944 wird für alle Sondergefangenen zu einem Schicksalstag. Sie wissen: So ruhig, wie es jetzt ist, wird es bestimmt nicht bleiben. Susanne Dress kann ihren Bruder am 28. Juli noch einmal in Tegel sprechen und ihm mitteilen, wie es in der Familie aussieht und wie es einigen seiner Freunde ergangen ist. Bonhoeffer ist besorgt und sagt zum Schluß: „Es wird wohl alles sehr anders kommen."

Bonhoeffer hat in den nächsten Tagen noch einmal den Plan erwogen, aus dem Gefängnis zu fliehen und unterzutauchen. Doch er erkennt schnell, daß er damit seine eigene Familie in äußerste Gefahr bringen würde. Am Sonntag, den 8. Oktober wird er in Tegel abgeholt und in das Gefängnis der Geheimen Staatspolizei in der Prinz-Albrecht-Straße gebracht. Der Wachtmeister, der ihn herunterbringen soll, führt ihn an der Zelle seiner Freunde vorbei, öffnet diese und sagt: „Der Pastor will seine Freunde noch einmal grüßen, bevor er das Gefängnis verläßt." Bonhoeffer reicht allen die Hand. Unten warten die SS-Leute.

Seinen Studenten hatte Bonhoeffer einmal gesagt: Wahres Menschsein besteht nicht darin, daß man seinem Schlaf-, Eß- und Geschlechtstrieb frönt, sondern darin, daß man seinen Kopf hinhält. – Jetzt wurde deutlich, was er damit gemeint hatte.

Der Gefängnistrakt der Geheimen Staatspolizei lag im Keller des Hauses. Bonhoeffer saß zunächst in Zelle 19, wurde dann nach Zelle 24 verlegt; so wurde er der direkte Nachbar von Fabian von Schlabrendorff (geboren 1907), ein Vetter seiner Braut Maria von

Wedemeyer, Ordonnanzoffizier bei General Major Henning von Tresckow. Er berichtete darüber später: „Wir konnten jeden Tag miteinander in Verbindung treten. Wir eilten morgens gemeinsam in eine Nische des Waschraumes, wo es eine Duschgelegenheit gab. Trotz des kalten Wassers benutzten wir den Raum häufig, da dort das rauschende Wasser unser Gespräch übertönte. Abends konnten wir noch einmal duschen. Bei dieser Prozedur blieben die Zellentüren so lange geöffnet, bis alle Gefangenen unseres Flures zurückgekehrt waren. Während dieser Zeit unterhielten wir uns eifrig durch die Spalten der Türangeln der uns trennenden Zellentür. Schließlich sahen wir uns regelmäßig bei den Luftalarmen. Dietrich berichtete von Vernehmungen; er war gleich zu Beginn mit Folter bedroht worden, auch die Verhandlungen waren in erpresserischer Form geführt worden. Viele Zettel mit Bibelworten hat er mir zugesteckt. Als Hans von Dohnanyi ebenfalls hier eingeliefert wurde, gelang es Bonhoeffer, sich mit seinem Schwager zu verständigen. Dieser lag an beiden Beinen gelähmt auf einer Trage in seiner Zelle, als wir nach der Entwarnung aus unserem Bunker zurückkehrten. Plötzlich sprang Dietrich mit einer Behendigkeit, die ihm keiner zugetraut hätte, in die offene Zelle. Es sah zum Glück keiner der Wächter. Danach die schwierige Aufgabe, unentdeckt wieder hinauszugelangen und sich in den Zug der Gefangenen einzugliedern. Auch das gelang ihm. Schwierig wurde es für ihn, als man ihm mit der Verhaftung seiner Braut, seiner Eltern und seiner Schwestern gedroht hatte, wenn er nicht aussagen würde. Da hielt er es für richtig, offen zuzugeben, daß er ein Feind des Nationalsozialismus sei, eine Überzeugung, die aus seinem christlichen Glauben entstanden sei. Am 3. Februar 1945 erfolgte vormittags ein Bombenangriff, der Berlin in einen Schutthaufen verwandelte. Auch das Reichssicherheitshauptamt brannte. Wir standen eng aneinander gepreßt im Luftschutzraum, als eine Bombe mit gewaltigem Krach den Bunker traf. Die ganze Zeit über blieb Bonhoeffer vollkommen ruhig, verzog keine Miene, stand unbeweglich und gelassen da, als sei nichts Besonderes geschehen. Am 7. Februar 1945 sprach ich ihn zum letzten Mal. Mittags wurde dann auch seine Zellennummer aufgerufen. Die Gefangenen wurden – jeweils in Handschellen – in zwei Transporteinheiten eingeteilt. Sein Transport ging ins Konzentrationslager Buchenwald bei Weimar."

Dort werden die siebzehn prominenten Häftlinge aus Berlin in Bunkerzellen untergebracht, die kalt und feucht sind und in die kein

Licht dringt. Sie erhalten die Genehmigung, in den Mittelgängen spazierenzugehen. Dabei sind dann auch Gespräche möglich, denn die Bewacher haben es aufgegeben, jeden ständig zu kontrollieren. Am 1. April 1945 (Ostersonntag) wird hier aus nächster Nähe Geschützdonner hörbar. Die amerikanischen Truppen sind im Anmarsch. Am Dienstagabend (3. April) fährt ein geschlossener Lastwagen ins Lager, der mit Holzgas betrieben wird. Die Häftlinge werden in ihm zusammengepfercht. Sie werden abtransportiert. Jede Stunde muß angehalten werden, um Holz für den Gasofen nachzufüllen. Die Fahrt geht in Richtung Weiden, wo das Gefängnis überbelegt ist, endet aber zuletzt am Mittwochabend in Regensburg. Dort waren die Häftlinge im Gerichtsgefängnis untergebracht und hatten volle Bewegungsfreiheit. Fast gleichzeitig ist hier auch ein Transport mit Sippenhäftlingen eingetroffen. Zu diesen gehörte Anneliese Goerdeler, die Frau von Carl Goerdeler, der am 10. September hingerichtet worden war. Sie hat bald nach ihrer Entlassung aus dem Konzentrationslager ihre Reiseerlebnisse aufgeschrieben:

„In einem nördlichen Vorort von Regensburg hielten zwei große vollbesetzte Autobusse mit Sippenhäftlingen. Nach einiger Zeit kam ein kleiner Holzgaslastwagen, fensterlos und vergittert. Die Führer dieser ‚grünen Minna' fuhren mit ihrem Pkw umher, um für die Häftlinge eine Unterkunft zu finden. Nach langem Warten ging es weiter durch die engen Gassen von Regensburg zum Landgericht; dort wurden alle im dahinterliegenden Gefängnis untergebracht. Am andern Morgen konnten wir mit Hilfe unseres Kalfaktors an die in ihren Zellen eingesperrten Häftlinge der ‚grünen Minna' herankommen. Mit Bonhoeffer konnte ich etwa 20 Minuten durch ein Guckloch sprechen und von ihm etwas vom Schicksal meines Mannes erfahren. Bei Einbruch der Dunkelheit wurden wir am Donnerstag aus Regensburg abtransportiert. Wir fuhren die ganze Nacht durch eine bergige Landschaft. Die ‚grüne Minna' hinter uns hatte eine Panne – die Lenkung war gebrochen – und erreichte den Anschluß erst Stunden später. Ein Ersatzwagen hatte beschafft werden müssen mit einer neuen Besatzung von Gestapo-Beamten. – Am Freitagmorgen erreichten wir Schönberg im Bayerischen Wald, 40 Kilometer nördlich von Passau. Dort wurden wir in den Klassenräumen einer Mädchenschule untergebracht. Im Nebenraum lagen die Insassen der ‚grünen Minna', die tagsüber eingeschlossen blieben. Wir konnten uns auf dem Korridor frei bewegen. Es ergaben sich auch Gelegenheiten, mit den anderen Kontakt aufzunehmen, die in dem großen Nebenraum untergebracht waren, darunter waren Bonhoeffer, General von Rabenau und Hauptmann Wassiliew Kokorin, ein Neffe von Molotow, ein überzeugter Atheist; von ihm lernte Bonhoeffer eifrig Russisch. Die Häftlinge lagen in einem Schulsaal. Dort standen richtige Betten mit farbigen Decken. Die Tür blieb verschlossen, aber es war hell und warm, und sie hatten eine schöne Aussicht auf das grüne Bergtal. Bonhoeffer saß lange am offenen Fenster, sonnte sich oder plauderte mit anderen Häftlingen. Er hatte sein Bett neben Kokorin, der mit ihm auch über seine Weltanschauung sprach."

Am Sonntag (8. April) baten die Häftlinge Bonhoeffer um eine Morgenandacht. Für seine Betrachtung nahm er die Tageslosung: „Durch seine Wunden sind wir geheilt" (Jesaja 53,3). Er sprach von den Wirkungen der Gefangenschaft und von der sicheren Hoffnung auf die Gnade Gottes. Danach sollte Bonhoeffer in die andere Gruppe geschleust werden, um auch dort zu sprechen. Doch bevor das durchgeführt werden konnte, wurde die Tür von zwei Zivilisten geöffnet, die riefen: „Gefangener Bonhoeffer, fertigmachen und mitkommen!"

Ziel des Transportes war Flossenbürg. Das Konzentrationslager, im Mai 1938 eröffnet, lag an einem Granitsteinbruch ganz in der Nähe der tschechischen Grenze, etwa 70 Kilometer östlich von Bayreuth. Es war ein bergiges Waldgebiet, in dem mit der Zeit noch weitere Steinbrüche angelegt wurden. Auch Verarbeitungsbetriebe wurden errichtet. Das KZ selbst bestand – abgesehen von der Unterbringung für die SS-Mannschaften – aus dem Häftlingslager und dem Schutzhaftlager; dazu kam noch der Arrestbau für die Sonderhäftlinge, der getrennt vom Lager in einem durch Granitabbau entstandenen Talkessel angelegt worden war. Er bestand aus einer gut 20 Meter langen ebenerdigen Baracke; die Zellen lagen an der einen Seite gegen den Berghang, davor ein langer Gang, davor einige Diensträume. Außerhalb – in Richtung Lagerseite – ein rechteckiger, durch eine Mauer abgegrenzter Hofraum mit einer Balkenkonstruktion, an der sieben Haken und Schlingen angebracht waren für die Hinrichtungen. Hier begannen im April 1944 heimlich die Exekutionen von prominenten Gegnern des Regimes.

Am 4. April waren im Wehrmachtshauptquartier Zossen in einem Panzerschrank zufällig die Tagebücher von Admiral Canaris gefunden worden. Sie wurden sofort an das Reichssicherheitshauptamt weitergeleitet und am nächsten Tag Adolf Hitler vorgelegt, der die sofortige Vernichtung der Verschwörer anordnete. Bereits am Donnerstag, den 5. April wurden in Berlin alle Vorbereitungen für die Durchführung eines Standgerichts getroffen. SS-Standartenführer Walter Huppenkothen wurde mit der Vertretung der Anklage beauftragt. SS-Sturmbannführer Dr. Otto Thorbeck aus Nürnberg wurde zum Vorsitzenden des Standgerichts bestimmt. Im KZ angekommen, wurde er sofort mit der Sachlage vertraut gemacht. Er war erstaunt, daß von der SS gegen Offiziere der Wehrmacht verhandelt werden sollte. Außerdem wunderte er sich, daß hier keine akuten Fälle zur Anklage standen, sondern zum Teil länger zurückliegende. Schließlich wurde er von der „Rechtmäßigkeit" dieser Aktion überzeugt, einmal, weil es auf direkte Anordnung des Führers geschah, sodann, weil er sich von dem „abscheulichen" Verhalten der Offiziere zutiefst abgestoßen fühlte. Immerhin war ihm auch klar, daß hier einiges nicht korrekt ablief.

Dietrich Bonhoeffer kann am Sonntag, den 8. April nicht vor 16 Uhr im KZ Flossenbürg eingetroffen sein, zu der Zeit, als bereits der erste Angeklagte – General Oster – im Verhör stand. Nach etwa zwei Stunden wurde gegen ihn die Todesstrafe verhängt. Als nächster wurde gegen 20 Uhr Admiral Canaris vernommen. Danach wurde gegen die restlichen Angeklagten verhandelt. Die Urteile standen schon vorher fest.

Am frühen Morgen des 9. April 1945 wurde der Hof in grelles Scheinwerferlicht getaucht. Der Standortarzt Dr. Hermann Fischer (geboren 1884) war als Praktischer Arzt 1939 zur Wehrmacht eingezogen worden, wurde dann zur Waffen-SS überstellt und war seit Oktober 1944 im Range eines SS-Obersturmbannführers in Flossenbürg tätig. Er hatte den Tod der Delinquenten festzustellen und ein Hinrichtungsprotokoll abzufassen. Gegen 6 Uhr erschallte zum ersten Mal das Kommando „Mitkommen". Danach war das schlurfende Geräusch nackter Füße auf dem steinernen Fußboden zu hören. Aus der Richtung der Schreibstube erklang der Befehl: „Alles ausziehen!" In der Badezelle unweit der Wachstube mußten sich alle entkleiden. Bonhoeffer ließ sich in einen daneben gelegenen Raum führen. Dort sah ihn Dr. Fischer nackt in innigem Gebet auf dem Boden knien.

Dr. Fischer berichtete später – unter Eid – bei seiner Vernehmung im Oktober 1955: „Die fünf Männer mußten völlig nackt eine Art Stiege besteigen, es wurde ihnen der Strick um den Hals gelegt, die Stiege wurde dann weggezogen." Es scheint dabei allerdings einige

Schwierigkeiten gegeben zu haben; nicht alle Gehängten waren sofort tot. Joseph Müller – als Mitglied der Außenstelle München der Abwehr auch verhaftet – war diesem Standgericht entgangen. Er erlebte, daß die Leichen hinter dem Zellenbau längere Zeit lagen und dann verbrannt wurden. Fetzen wirbelten durch die Luft, auch durch die Gitterstäbe in seine Zelle. Er hatte den Eindruck, daß es Teile von menschlicher Haut waren.

Gaetano Latmiral berichtete später, daß Bonhoeffers letzter geschriebener Satz gelautet hat: „Ich sterbe als stummer Zeuge Christi unter seinen Brüdern."

Für mich steht auch dieses Ende unter dem Text, den Fritz Reuter für sein eigenes Grab formulierte und den Bonhoeffer uns sehr oft als eine Deutung des Lebens zitierte:

„Der Anfang, das Ende, o Herr, sie sind dein;
die Spanne dazwischen, das Leben, war mein.
Und irrt' ich im Dunkel und fand mich nicht aus,
bei dir, Herr, ist Klarheit und Licht ist dein Haus."

Danach

Das Ende von Bonhoeffers Leben hat sich uns erst allmählich enthüllt. Ich wußte, daß er verhaftet war und daß es ihm im Tegeler Gefängnis einigermaßen gutging. Da das Heereswaffenamt im November 1943 in Berlin total zerstört worden war, wurden wir in die Beseler-Kaserne nach Wittenberg evakuiert. Dort erhielt ich einen Brief von Eberhard Bethge mit vier Gedichten, ohne Hinweis auf den Autor. Ich las die Texte und konnte sie überhaupt nicht mit Bonhoeffer in Verbindung bringen. Bonhoeffer als Dichter, schon das verwirrte. Danach der Text des Gedichtes „Christen und Heiden" – es paßte so gar nicht in meine Kenntnis von Bonhoeffers Denken. Ich legte die Texte beiseite in der Hoffnung, nähere Erläuterungen zu bekommen. Doch die blieben aus. Die Nachricht vom Attentat am 20. Juli 1944 erhielt ich ebenfalls in Wittenberg und wußte nun, daß Bonhoeffer in höchster Lebensgefahr war. Anfang 1946 gelangte ich auf abenteuerlichen Wegen wieder nach Berlin und erfuhr nun, daß Bonhoeffer im KZ ermordet worden war. Von Berlin aus fuhr ich nach Werder, um festzustellen, was aus meinen Sachen geworden war. Das Haus total leer, alles stand offen, in der Mitte des Hauptraumes lag ein hoher Haufen Papier, herausgerissene Akten und Rundbriefe der Bekennenden Kirche, eigene Notizen und mitten darauf alle meine Nachschriften der Berliner Kollegs und der Finkenwalder Vorlesungen und Übungen. Ich war froh, daß diese Erinnerungen erhalten geblieben waren.

Die erste Konfrontation mit der Vergangenheit geschah völlig unerwartet – etwa im Mai 1946. Maria von Wedemeyer besuchte mich. Sie erläuterte mir, daß sie die Braut Bonhoeffers gewesen sei, rechnete aber damit, daß ich das schon wußte. Sie wirkte auf mich etwas verunsichert und heimatlos. Ich war gehemmt, weil ich mit ihr über ihre Vergangenheit nicht zu sprechen wagte, um nicht alte Wunden wieder aufzureißen. So redeten wir über ihre Gegenwart, also über ihre Enttäuschung, die sie nach dem Tode Bonhoeffers erleben mußte. Sie sei – so beschrieb sie es – nach Bonhoeffers Tod von der Familie nicht mehr beachtet worden, sie habe sich ausgegrenzt gefühlt. Gerade während der allerletzten schwierigen Zeit habe sie die Hauptlast der Verbindung zu Dietrich getragen – und nun diese Ernüchterung. Diese Erfahrung muß sehr tief verankert geblieben sein. Als sie 1967 in New York ihre Erinnerungen an Bonhoeffer und Passagen aus seinen Briefen veröffentlichte, wollte ich diesen Text in meine „Begegnungen mit Bonhoeffer“ aufnehmen. Doch sie lehnte das entschieden ab: In Deutschland sollten keine Texte von ihr gedruckt werden.

In Berlin hatte sich kurz nach dem Krieg der Unterwegs-Kreis gebildet, alles ehemalige Illegale. Wir trafen uns wöchentlich zu biblischer Exegese und zur Erörterung aktueller kirchlicher Vorgänge. Wir gerieten erneut in Opposition, diesmal zu den restaurativen Tendenzen und hierarchischen Strukturen im kirchlichen Neubau. Mit Hilfe des französischen Militärpfarrers Georges Casalis erhielten wir eine französische Lizenz für die Zeitschrift „Unterwegs“, in der wir unsere kritischen Ansichten veröffentlichten, aber auch kulturelle Überlegungen und literarische Texte druckten. Eberhard Bethge hielt engen Kontakt zu dem Kreis, konnte sich aber nur selten an den Zusammenkünften beteiligen. Für die Nr. 6/1947 gab er uns Bonhoeffers Text: „Was heißt die Wahrheit sagen?“ In unserem Vorspruch dazu steht: „Dadurch, daß die Frage der Wahrheit nicht formal, sondern beziehungsgebunden gestellt wird, zeigt der Text den Weg, auf dem dieses Problem sachgemäß behandelt werden muß.“ Und wir fügten noch einige Passagen aus einem Brief Bonhoeffers vom Dezember 1943 hinzu, in denen darauf hingewiesen wird, daß nicht alles, was ist, auch aufgedeckt werden soll; Bloßstellung ist zynisch; seit dem Sündenfall muß es auch Verhüllung und Geheimnis geben. In der gleichen Nummer stand auch ein Vortragstext von Bethge über „Die Tat der freien Verantwortung“, eine Interpretation von Bonhoeffers Weg. Insgesamt haben wir von 1947 bis 1954 elf Texte von Bonhoeffer gedruckt, darunter auch Teile aus dem Tegeler Romanfragment. In diesen Fragmenten wird Bonhoeffers Familienheimat besonders plastisch vergegenwärtigt, gerade auch dort, wo er im Dramenfragment in der Person des Christoph sich selbst darstellt.

Die Resonanz auf unsere Veröffentlichungen war ziemlich gering. Fachleute beachteten sie; ehemals Illegale interessierten sich dafür. Aber die Person Bonhoeffer geriet erst stark ins Kreuzfeuer, als Bethge 1951 die Gefängnisbriefe herausgab. Die 1949 veröffentlichte „Ethik“ war auch kaum beachtet worden. Nun wurden plötzlich „unverständliche Aspekte“ bei ihm entdeckt: die Anerkennung der „mündigen Welt“ und die Perspektive eines „religionslosen Christentums". Das schockierte. Die Vermutung einer Gefängnis-Psychose oder eines Realitätsverlustes wurde geäußert. Die „Entwertung der Kirche" zugunsten einer Solidarität mit der Welt führte dazu, daß alle „Orthodoxen" die historisch gewachsenen Strukturen und Handlungsweisen der Kircheninstitution verteidigten. Bonhoeffer schien ein Verräter oder auch ein Phantast geworden zu sein.

Dennoch ist das – in gewisser Weise – ein innerkirchlicher Vorgang geblieben. Die Gefängnisbriefe Bonhoeffers waren kein literarisches Ereignis. Die Studenten der fünfziger Jahre erklärten dezidiert, daß Bonhoeffer zur Vergangenheit gehöre und ihnen heute nichts zu sagen habe. Auch für viele Pfarrer war Bonhoeffer nicht aktuell. Andererseits nutzten die Männer der CDU (Ost) in der DDR Bonhoeffer sehr früh schon zur Rechtfertigung ihres Weges in die Solidarität mit der „mündigen Welt". 1974 wurden in Ost-Berlin 18 Straßen nach „antifaschistischen Widerstandskämpfern" benannt; darunter befand sich auch Bonhoeffer.

Die offizielle Kirche hat lange Zeit nicht gewußt, wie sie mit dem Phänomen „Bonhoeffer" umgehen soll. Die bayrische Pfarrbruderschaft wollte in der Kirche von Flossenbürg eine Erinnerungstafel anbringen; doch der lutherische Landesbischof von München, Hans Meiser, lehnte es ab, diese Tafel einzuweihen, weil Bonhoeffer ein politischer Fall sei, aber kein christlicher Märtyrer. Der lutherische Landesbischof von Hannover, Hanns Lilje, verweigerte die Zustimmung zur Benennung einer Kirche nach Bonhoeffer. In einem Text dieser Kirche zum ersten Jahrestag des Aufstandes vom 20. Juli hatte es geheißen: „Unsere Augen sind gerichtet auf Märtyrer in des Wortes voller Bedeutung ... und es gibt andere, die einen Staatsstreich versuchten, bevor die letzte deutsche Stadt in Schutt und Asche lag ... Die Kirche Jesu Christi kann niemals einen Anschlag auf menschliches Leben – aus welchem Grunde auch immer – gutheißen." Noch 1963 hat diese Kirche die gleiche Position bezogen, als wiederum eine Bonhoeffer-Kirche benannt werden sollte. Man habe sich nicht dazu entschließen können, Namen von Personen aus der neuesten Kirchen- und Theologiegeschichte zu genehmigen, wenn deren kirchengeschichtliche Bedeutung noch nicht beurteilt werden kann.

Das Bonhoeffer-Haus in der Marienburger Allee war Familienbesitz. Eberhard Bethge verkaufte es 1951 an die Berliner Kirche. Es wurde nun Wohnsitz des Studentenpfarrers. Als Bethge bald darauf nach London ging, nutzte die Kirche es auf verschiedene Weise, bis es dann 1968 in ein „selbstverwaltetes Studenten-Wohnheim“ umgewandelt wurde. Erst 1984 – in Vorbereitung des bevorstehenden vierzigsten Todestages von Bonhoeffer – bahnte sich eine Änderung an. Das Haus wurde renoviert und 1987 zu einem Begegnungszentrum umgestaltet mit einer ständigen Ausstellung mit Dokumenten aus Bonhoeffers Leben. Das Zimmer, das Bonhoeffer bewohnt hat, macht jedoch einen toten Eindruck. Kaum etwas von damals ist dort zu finden.

Als ich 1950 begann, Erinnerungen an Begegnungen mit der Person Bonhoeffers (nicht mit seiner Theologie) zu sammeln, mußte ich eine unerwartete Erfahrung machen. Bonhoeffer war fast ganz in Vergessenheit geraten. Dafür einige Beispiele:

Martin Niemöller – Motor der Bekennenden Kirche – antwortete: „Leider kann ich ... gar nichts beisteuern, weil meine Begegnungen alle sehr kurz gewesen sind.“ Oberkonsistorialrat Erich Andler – Stellvertreter von Präses Scharf – meldete: „Ich bin selten mit ihm zusammengetroffen. Er hat das Predigerseminar nicht nach Buckow (seinem Wohnsitz) gelegt; dort war es ihm zu laut.“ Professor Gerhard Ebeling, ein Schüler Bonhoeffers, der auf seinen Rat hin in die akademische Laufbahn überwechselte: „Ich kann kaum etwas Nützliches beisteuern.“ Professor Günther Dehn, der viel Unterstützung durch Bonhoeffer in persönlich schwerer Zeit erfuhr, schreibt: „Ich habe Bonhoeffer bisweilen in Sitzungen erlebt. Er hat mich auch einmal besucht. Zuletzt habe ich ihn im Juli 1942 gesehen. Mit alledem kann man nichts anfangen.“ Superintendent Wolfgang Staemmler, mit dem Bonhoeffer wegen Ausbildungsfragen intensive Gespräche geführt hat, berichtete: „Ich weiß nicht, was ich an Bonhoeffer-Erinnerungen noch zusammenkriege.“ Danach schwieg er. Oberkonsistorialrat Eugen Gerstenmaier, Mitarbeiter im Kirchlichen Außenamt, später auch Mitglied im Kreisauer Kreis, stellt fest: „Ich bin Dietrich Bonhoeffer einige Male begegnet; aber ich kann nicht sagen, daß wir uns bei diesen Gelegenheiten persönlich, politisch oder theologisch näher ausgesprochen hätten.“

Sie alle haben Bonhoeffer bei verschiedenen Gelegenheiten erlebt. Aber davon ist wenig hängengeblieben. Bonhoeffer war eben kein bedeutender Mann, sondern ein junger, etwas eigenwilliger Theologe, der in gewisser Weise seinen eigenen Weg ging. Die Erinnerung an ihn haben einige seiner Schüler und die Mitglieder seiner Familie wachgehalten.

Den Umbruch in der Rezeption Bonhoeffers datiert Bethge auf

den Beginn der sechziger Jahre. Damals habe es angefangen, daß sich Gemeinden, Schüler, Jugendgruppen, Journalisten für diesen Mann interessierten. Nach meinem Eindruck hat Bonhoeffer zuerst im Ausland – besonders in Gebieten mit politischen Spannungen wie Korea, Südafrika und das farbige Mittel- und Nordamerika – Bedeutung bekommen, also bei denen, die „christliche Weisung" für ihren Widerstand gegen politische Gewalt suchten. Dafür waren seine Texte eine gute Hilfe. Das alles begann, bevor 1967 die grundlegende Biographie von Eberhard Bethge erschien und damit den Weg zur wissenschaftlichen Aufarbeitung von Bonhoeffers Wirken wies. Schließlich gab Ferdinand Schlingensiepen Anfang der siebziger Jahre den Anstoß zur Gründung der Bonhoeffer-Gesellschaft.

Aus dieser Vorgeschichte wird eine Gefahr deutlich: die Person Bonhoeffer aufzuspalten in einen „politischen", einen „pietistischen" und einen „systematischen" Denker. Das tat jener Student in Berkeley (Kalifornien), der mich in einer Diskussion fragte, ob er einen Unterdrücker, der die Menschen quäle, töten dürfe. Es war schwer, ihm klarzumachen, daß man nicht einen Akzent aus einem ganzen Leben herausnehmen dürfe, ohne den Weg dorthin mitzubedenken. „Die Person trägt und interpretiert das Werk." Ohne Bonhoeffers Leben wird leicht alles mißverständlich und mißbrauchbar. Sein Leben ist schicksalhaft mit der Nazizeit verknüpft. Seine Kirche war die Bekennende Kirche, seine „Nachfolge" geschah aus der Illegalität heraus, seine Bruderschaft bestand aus Gefährdeten, nicht aus Pensionsberechtigten. Es darf nicht „billig" werden, was damals „teuer" war.

Wie die Interpretation von Bonhoeffers Lebensweg außerhalb von Deutschland heute aussieht, zeigt eine Betrachtung von Hugh Searle – Sekretär der britischen Sektion der Bonhoeffer-Gesellschaft. Er hat am 10. Juli 1992 in der „Church-Times" dargelegt, wie er die Haltung Bonhoeffers interpretiert: „Bonhoeffer sah aus seiner Zelle heraus die Lage der Kirche anders als normale Betrachter. Die Kirche versagte bei ihrer Aufgabe, weil sie zu stark mit der Erhaltung ihres eigenen Sprachsystems, ihrer dogmatischen Konzeption und ihren sozialen Privilegien beschäftigt war. Sie war fixiert auf die individuelle Sünde und Schuld, menschliche Schwächen anprangernd und den Menschen in seiner Wirklichkeit verdammend. Bonhoeffer erkannte, daß die traditionelle Form der Religion kaum etwas für das tägliche Leben der – durch Wissenschaft und Technologie mündig gewordenen – Menschen bedeutete. Die Nöte der Armen und Unterdrückten wurden von den Kirchen genauso mißachtet, wie sie von den Reichen und Mächtigen ausgebeutet wurden. Christlicher Glaube muß weitergegeben werden in einer nicht-religiösen Sprache – in der Sprache der gegenwärtigen menschlichen Erfahrung ... Bonhoeffer vertraute nicht mehr einer Kirche, die blind geworden war gegenüber Gottes Tun im gegenwärtigen Leben. Bonhoeffers Größe liegt darin, daß er vom Standpunkt eines Teilnehmers am menschlichen Lebenskampf aus denkt, nicht vom Standpunkt eines Beobachters."

Nicht rehabilitiert

Die Widerstandskämpfer wurden nicht rehabilitiert. Professor Joachim Perels - Sohn des am 23. April 1945 in Berlin ermordeten Friedrich Justus Perels - hat sich in seinem Aufsatz „Die schrittweise Rechtfertigung der NS-Justiz" 1995 eingehend mit dem Huppenkothen-Urteil (Ankläger im Standgerichtsverfahren in Flossenbürg am 8. April 1945) befaßt. Dabei wurde zum ersten Mal deutlich, wie sich die Beurteilung des NS-Unrechts durch die deutsche Nachkriegsjustiz zunehmend verändert hat.

Das Kontrollratsgesetz Nr. 10 (20. Dezember 1945) hatte die formelle Geltung der NS-Normen außer Kraft gesetzt. Handlungen von Widerstandskämpfern, die gegen das NS-Recht verstießen, wurden ausdrücklich gerechtfertigt. Infolge des Scheiterns der Entnazifizierung vollzog sich nach 1948 weitgehend „die Wiederherstellung des nationalsozialistischen Justizapparates" und damit auch der „Interpretationseliten der Diktatur". Das bedeutete: „Kritikloser Nachvollzug des Selbstverständnisses der nationalsozialistischen Machtapparatur und seiner Judikatur." Das wurde im 1. Huppenkothen-Urteil vom Landgericht München (16. Februar 1951) deutlich. Danach habe ein Standgerichtsverfahren stattgefunden, das rechtlich abgesichert gewesen sei. Die Todesurteile seien rechtens gewesen. Der Bundesgerichtshof (BGH) hob am 12. Februar 1952 dieses Urteil auf und verwies es zurück nach München. Dort negierte das Schwurgericht mit seiner Entscheidung vom 5. November 1952 die BGH-Rechtsposition und sprach Huppenkothen und Thorbeck (Richter in Flossenbürg) erneut frei. Am 30. November 1954 kam es zu einer weiteren Revisionsentscheidung des BGH. Das Urteil von München wurde zwar aufgehoben, aber die Verfahrensverstöße im Standgerichtsverfahren von Flossenbürg wurden vom BGH nicht mehr berücksichtigt. Nun hatte das Schwurgericht Augsburg (25. Oktober 1955) zu entscheiden. Es hielt an der Verurteilung von Huppenkothen und Thorbeck wegen Beihilfe zum Mord fest.

Dann kam es am 19. Juni 1956 zur endgültigen Entscheidung des BGH. Richter Thorbeck wurde freigesprochen, der Anklagevertreter Huppenkothen wurde wegen der nichterfolgten Urteilsbestätigung zu sechs Jahren Zuchthaus verurteilt. „Ausgangspunkt ... ist das Recht des Staates auf Selbstbehauptung ... Auch dem nationalsozialistischen Staate kann man nicht ohne weiteres das Recht absprechen, daß er solche Gesetze erlassen hat." „So wurde" – urteilt Perels – „das wirkliche Ziel des Verfahrens gegen die Widerstandskämpfer, die Oppositionellen auf Befehl der Spitzen des Systems vollendeter Gesetzlosigkeit unter dem Schein der Legalität zu töten, verleugnet und die Selbstrechtfertigung der SS-Schergen in der Robe kritiklos übernommen."

Die Ursache für diese Entscheidung sieht Perels in der „personellen Rekonstruktion der juristischen Elite des Dritten Reiches", die dazu führte, daß am BGH 80 Prozent der Richter vordem im Justiz- und Staatsdienst der NS-Diktatur tätig waren – ein Richter (Ernst Mantel) des erkennenden Senats von 1956 war Beisitzer am Sondergericht München, ein anderer (Ludwig Martin) arbeitete bis 1945 bei der Reichsanwaltschaft.

Damit hatte der BGH die NS-Rechtsordnung für verbindlich erklärt. „Die Nichthaftung für die Taten des Regimes, die der BGH zum Leitmotiv seiner Entscheidung machte, entsprach einem seinerzeit durchaus gängigen Abwehrmechanismus, dem die Justiz lediglich eine juristische Ausdrucksform verlieh." Erst 27 Jahre nach der BGH-Entscheidung wurde dieses Urteil einer kritischen Analyse durch G. Spendel unterzogen.

Die BGH-Entscheidung galt damals als „nichtöffentlicher Text". Er diente jedoch als Hintergrundargumentation und bekam dadurch Richtungsfunktion für spätere Prozesse. „Die juristische Verwerfung des Widerstandes gegen das NS-System durch den BGH ... durchbrach – im Nachvollzug des NS-Normenverständnisses – nicht nur punktuell rechtsstaatliche Garantien. Er legitimierte das nationalsozialistische Willkür-Rechtssystem insgesamt."

Anhang

Lebensdaten Dietrich Bonhoeffers

1906 4. Februar in Breslau geboren.
1912 Berufung des Vaters an die Berliner Universität.
1923 Beginn des Theologiestudiums in Tübingen.
1924 Ein Vierteljahr in Rom und Nordafrika; weiteres Studium in Berlin.
1927 17. Dezember Promotion bei Reinhold Seeberg mit „Sanctorum communio".
1928 17. Januar Erstes Theologisches Examen in Berlin; am 15. Februar Antritt des Vikariatsjahres in Barcelona.
1929/1930 Assistent bei Wilhelm Lütgert in Berlin.
1930 8. Juli Zweites Theologisches Examen; 18. Juli Habilitation mit „Akt und Sein"; 31. Juli Antrittsvorlesung „Die Frage nach dem Menschen in der gegenwärtigen Philosophie und Theologie"; 5. September Abreise nach New York zum Studienjahr am Union Theological Seminary.
1931 Im Juli zwei Wochen bei Karl Barth in Bonn; ab 1. August Privatdozent an der Berliner Theologischen Fakultät; 1. bis 5. September Weltbundkonferenz in Cambridge, zum Jugendsekretär gewählt; ab 1. Oktober Studentenpfarrer an der Technischen Hochschule Berlin; 15. November Ordination; im Wintersemester 1931/1932 Vorlesung „Die Geschichte der systematischen Theologie im 20. Jahrhundert"; vom November bis zum März 1932 Konfirmandenklasse in der Zionsgemeinde in Berlin-Mitte.
1932 Im Sommersemester Vorlesung „Das Wesen der Kirche"; Seminar über Theologische Anthropologie; im Wintersemester 1932/1933 Vorlesung „Schöpfung und Fall"; Seminar „Gibt es eine christliche Ethik?".
1933 1. Februar Rundfunkvortrag „Wandlungen des Führerbegriffs; im April Aufsatz „Die Kirche vor der Judenfrage"; im Sommersemester Vorlesung „Christologie" und Vorlesung „Neue Theologische Literatur"; Seminar über Hegels Religionsphilosophie; im August Mitarbeit am Betheler

Bekenntnis; 7. September Vorarbeit mit Martin Niemöller zur Pfarrernotbundverpflichtung; 17. Oktober das Pfarramt in London angetreten; 21. November erster Besuch in Chichester.

1934 22. bis 30. August ökumenische Jugendkonferenz in Fanø; 4. bis 8. September bei Jean Lasserre in Bruay; 5. November Londoner Lossagung von der Reichskirchenregierung; 25. November zur Bekenntnissynode nach Oeynhausen und Berlin.

1935 Im Januar zur Seminarbesprechung nach Berlin; 15. April Abschiedsbesuch bei Bischof George Bell; 26. April Beginn des Predigerseminars auf dem Zingsthof (Ostsee); 24. Juni Einzug in Finkenwalde; 6. September Antrag an die Kirchenleitung zur Errichtung eines Bruderhauses.

1936 Im Februar letztes Kolleg an der Berliner Fakultät über „Nachfolge"; 29. Februar bis 10. März Studienfahrt des Predigerseminars nach Dänemark und Schweden; 5. August Lehrbefugnis an der Universität entzogen.

1937 11. September Semesterende in Finkenwalde, Ferien in Bayern; 28. September polizeiliche Schließung des Predigerseminars; im November 27 ehemalige Finkenwalder Seminaristen in Haft; „Nachfolge" erschienen; 5. Dezember Beginn der Sammelvikariate in Köslin und Groß-Schlönwitz.

1938 Im Februar erste Kontakte mit Karl Sack, Hans Oster und indirekt mit Wilhelm Canaris und Ludwig Beck; im September in Göttingen „Gemeinsames Leben" geschrieben; die Geschwister Leibholz/Göttingen zur Auswanderung auf den Weg gebracht.

1939 10. März Abreise nach London; Treffen mit Bischof Bell, Reinhold Niebuhr, Gerhard Leibholz, Willem Visser't Hooft; 2. Juni Abreise nach USA; 27. Juli Rückkehr nach Berlin.

1940 15. März Semesterende in Köslin und Sigurdshof; zwei Tage danach erscheint die Gestapo mit Schließungsbefehl; im August Gespräche mit Oster und Hans von Dohnanyi über Uk-Stellung für Abwehraufträge: 9. September Redeverbot und polizeiliche Meldepflicht; im September und Oktober Arbeit an der „Ethik" in Klein-Krössin; 30. Oktober nach München, um dortiger Abwehrstelle beigeordnet zu werden; ab 17. November Gast in der Benediktinerabtei Ettal.

1941 24. Februar bis 24. März erste Reise in die Schweiz; 29. August bis 26. September zweite Reise in die Schweiz.

1942 10. bis 18. April Reise mit Helmuth James von Moltke nach Norwegen und Stockholm; 12. bis 26. Mai dritte Reise in die Schweiz; 30. Mai bis 2. Juni Flug nach Stockholm, um Bischof Bell zu treffen.

1943 17. Januar Verlobung mit Maria von Wedemeyer; 5. April Haussuchung und Verhaftung, im Gefängnis Tegel eingeliefert; 24. September Ausfertigung des Haftbefehls und der Anklage auf „Zersetzung der Wehrkraft".

1944 6. März erster Tagesgroßangriff auf Tegel; 20. Juli Claus von Stauffenbergs Attentat im Führerhauptquartier; 8. Oktober verlegt in den Gestapokeller in der Prinz-Albrecht-Straße.

1945 7. Februar verlegt in das KZ Buchenwald; 3. April Transport von Buchenwald nach Regensburg; 6. April Eintreffen in Schönberg; 8. April Transport nach Flossenbürg; nächtliches Standgericht; 9. April mit Oster, Sack, Canaris, Theodor Strünck und Ludwig Gehre ermordet.
9. April Sachsenhausen, Hans von Dohnanyi wird ermordet. 22./23. April Berlin, erschossen werden: Klaus Bonhoeffer, Rüdiger Schleicher, Hans John, Albrecht Haushofer, Friedrich Justus Perels.

Die Bonhoeffer-Kinder

Karl-Friedrich (geboren 1899), verheiratet mit Grete von Dohnanyi, studierte Naturwissenschaften; Professor für physikalische Chemie.

Walter (geboren 1899), als Fahnenjunker gefallen in Frankreich 1918.

Klaus (geboren 1901), verheiratet mit Emmi Delbrück, Jurist und Syndikus bei der Lufthansa.

Ursula (geboren 1903), verheiratet mit Rüdiger Schleicher, Jurist.

Christine (geboren 1903), verheiratet mit Hans von Dohnanyi, Jurist.

Dietrich (geboren 1906).

Sabine (geboren 1906), verheiratet mit Gerhard Leibholz, Staatsrechtler.

Susanne (geboren 1909), verheiratet mit Walter Dreß, Theologe.

Nachbemerkung zur zweiten Auflage

Bereits nach sieben Monaten wird eine zweite Auflage nötig. Die Reaktionen auf das Buch waren erstaunlich positiv. Nur Martin Gehlen - Kritiker des Berliner „Tagesspiegel" - stellte zur Verwunderung vieler Leser fest, daß ich nie einen tieferen Zugang zu Bonhoeffer und seinen theologischen Gedankengängen gefunden hätte. Es sei mir auch nicht gelungen, „die Perspektive des jungen, vergeblich um Anerkennung des Meisters ringenden Studenten abzustreifen". Mit unverkennbarem Stolz und überzeugter Sicherheit bestätigte er mir, er habe von seiner Ansicht nichts zurückzunehmen. Nun mögen andere beurteilen, was diese Wertung bedeutet. Nach meiner Meinung hat Herr Gehlen seinerseits - wenn überhaupt - einen sehr merkwürdigen Zugang zu Bonhoeffer gefunden. Aber das ist seine Sache; und vielleicht noch die des „Tagesspiegel".

Bild- und Textnachweis

S. 108 Karl Barth, zitiert aus: Eberhard Busch, Karl Barths Lebenslauf; München 1975, S. 328.
S. 111 Rudolf Bultmann, Neues Testament und Mythologie.
S. 136f Joachim Perels, Die schrittweise Rechtfertigung der NS-Justiz. Der Huppenkothen-Prozeß, in: P. Nahamowitz/S. Breuer (Hg.), Politik – Verfassung – Gesellschaft, Baden-Baden 1995.
Nicht im Text nachgewiesene Zitate stammen aus Wolf-Dieter Zimmermann, Begegnungen mit Dietrich Bonhoeffer, Chr. Kaiser-Verlag, München 1969[4]. Die Bonhoeffer-Zitate sind in den einschlägigen Werkausgaben zu finden oder aus privatem Material.
Karte auf der vorderen Umschlagseite innen © Wichern-Verlag; Abbildung S. 147 Bonhoeffer, etwa 1935; aus dem Besitz der Familie Vibrans; S. 146 Bonhoeffer, vor 1936, und hintere Umschlagseite innen Wolf-Dieter Zimmermann; Karte S. 150 © Toni Siegert/Verlag der Buchhandlung Stangl & Taubald, Weiden.

Das Haus in der Marienburger Allee, in dem die Familie Bonhoeffer se Oktober 1935 wohnte. Das Doppelfenster im Giebel rechts oben gehörte z Dietrich Bonhoeffers Zimmer.

er Arrestbau für die „Sonderhäftlinge“ im KZ Flossenbürg. Vor der Mauer nten rechts fand die Hinrichtung Dietrich Bonhoeffers statt. Heute hängt ı dieser Stelle eine Gedenktafel mit der Inschrift: „Im Widerstand gegen Diktur und Terror gaben ihr Leben für Freiheit, Recht und Menschenwürde: 'arrer D. Dietrich Bonhoeffer, Admiral Wilhelm Canaris, Hauptmann d. R. ıdwig Gehre, Generalmajor Hans Oster, General Dr. phil. D. Friedrich von abenau, Generalstabsrichter Dr. Karl Sack, Hauptmann d. R. Dr. Theodor rünck, ermordet am 9. April 1945.“

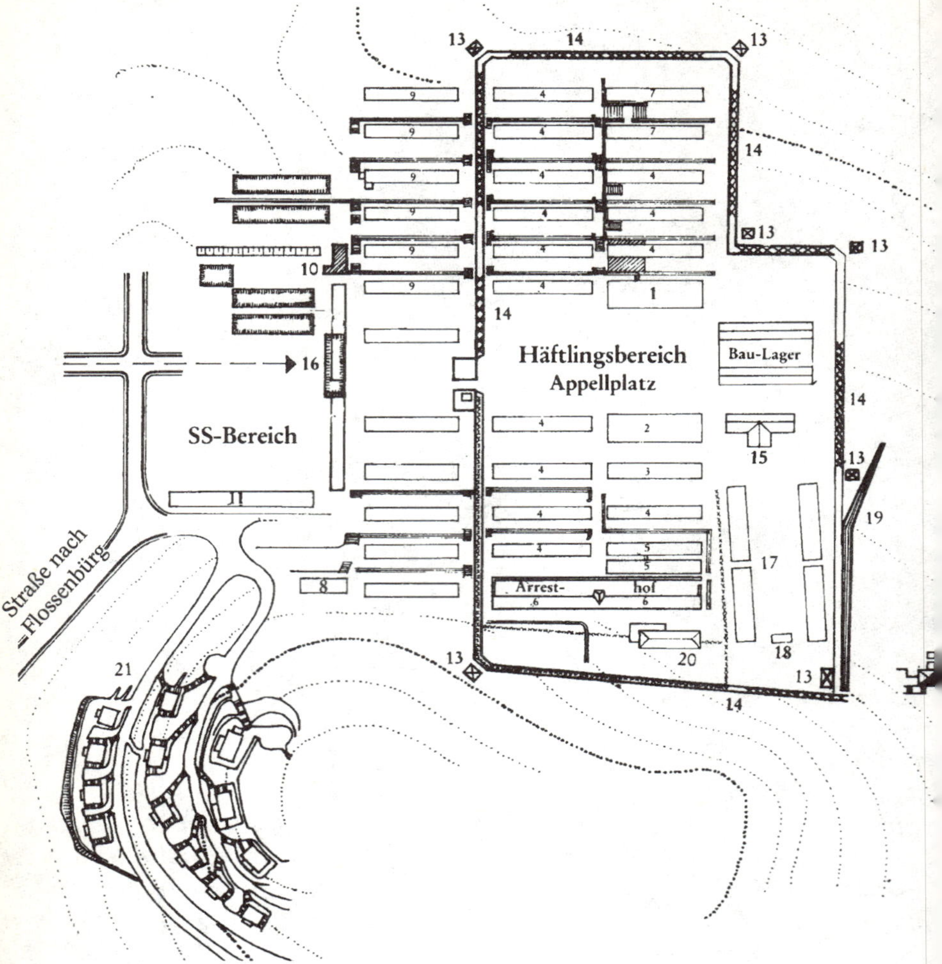

Konzentrationslager Flossenbürg (Stand 1945)

Erklärungen:

1	*Häftlingsküche*	*8*	*Schlosserei*	*15*	*Entlausungsanstalt*
2	*Wäscherei*	*9*	*SS-Unterkünfte*	*16*	*Kommandantur*
3	*Wäschelager*	*10*	*Kartoffelkeller*	*17*	*Lager für sowjetisch Kriegsgefangene*
4	*Häftlingsbaracken*	*11*	*Garagen*	*18*	*Abortbaracke*
5	*Häftlingsrevier*	*12*	*Krematorium*	*19*	*Geländewall*
6	*Arrestbau für die Sonderhäftlinge*	*13*	*Wachtürme*	*20*	*Sonderbau (Bordell)*
7	*Werkstätten*	*14*	*elektrisches Hindernis*	*21*	*SS-Offizierssiedlung*

Dr. med.
H. Fischer-Hüllstrung
prakt. Arzt
Telefon 8 86 96
Sprechstunden: 10–12 und 16–17.30 Uhr

Düsseldorf, den 4.4.55.
Grupellostr. 11
Postscheckkonto: Essen 39340
Rhein-Ruhr-Bank 18043

Sehr geehrter Herr Pastor!

Ihr Brief vom 26.3. 1955 hat den richtigen Dr. Fischer erreicht und ich bin, wenn mir auch ein Durchschlag meiner Aussage bei meiner Vernehmung nicht zur Verfügung steht, gerne bereit, Ihnen die gewünschte Auskunft zu geben; ich muß Sie allerdings darin enttäuschen, daß ich Ihnen nur über den Tag der Hinrichtung selbst berichten kann, da ich vorher keine Kenntnis von der Anwesenheit des Herrn Pastor Bonnhoefer im Lager hatte.

Am Morgen des betreffenden Tages etwa zwischen 5 und 6 Uhr wurden die Gefangenen, darunter Admiral Canaris, General Oster, General Thomas und Reichsgerichtsrat Sack aus den Zellen geführt und die kriegsgerichtlichen Urteile verlesen. Durch die halbgeöffnete Tür eines Zimmers im Barackenbau sah ich vor Ablegung der Häftlingskleidung Pastor Bonnhoefer in innigem Gebet mit seinem Herrgott knieen. Die hingebungsvolle und erhörungsgewisse Art des Gebetes dieses außerordentlich sympathischen Mannes hat mich auf das Tiefste erschüttert. Auch an der Richtstätte selbst verrichtete er noch ein kurzes Gebet und bestieg dann mutig und gefaßt die Treppe zum Galgen. Der Tod erfolgte nach wenigen Sekunden. Ich habe in meiner fast 50 jährigen ärztlichen Tätigkeit kaum je einen Mann so Gottergeben sterben sehen.

Sehr geehrter Herr Pastor, ich wäre Ihnen sehr dankbar, wenn Sie diesen kurzen Bericht ohne Namensnennung verwerten würden.

Mit herzlichen Grüßen

Ihr sehr ergebener

Dr. H. Fischer

er angesprochene Pastor ist Wolf-Dieter Zimmermann.